Грузинская мечта

Ilya Tsarev

Published by BoyJah Publishing LLC, 2024.

ГРУЗИНСКАЯ МЕЧТА

First edition. April 26, 2024.

Copyright © 2024 Ilya Tsarev.

ISBN: 979-8224607358

Written by Ilya Tsarev.

Содержание

Грузинская мечта

«У каждого путешествия есть свое тайное назначение, о котором сам путешественник не имеет представления.» Мартин Бубер

1. SOMNIUM

Любое по-настоящему большое приключение начинается с мечты. Когда темной бессонной ночью, пытаясь уснуть, тебя преследуют черные мысли о бренности и отчаянии твоей жизни. Бессмысленности и пустоты всего происходящего. Усталости и раздражения от всего вокруг. От людей, грязных улиц, агрессии и злобы, чудовищного рабства и нищеты, которая пропитала всё вокруг, отражаясь в лицах людей, которые тебе уже до тошноты надоели. Точнее, надоели не люди, а то, во что они превратились. Одурманенные пропагандой и вечным соперничеством друг с другом. Глупость и невежество, агрессия и злоба, хамство и вседозволенность, отсутствие эмпатии и культуры, тотальная инфантильность и всё разлагающая деградация и серость. От всего этого очень устаешь. В какой-то момент становится просто невыносимо находиться в этой стране и в этом месте. И в этот самый момент возникает жгучее желание его как можно скорее покинуть. Словно иглой тебя пронзает это чувство, захватывая твои мысли и мечты, становясь навязчивой идеей и в то же время наваждением.

Ибо, как говорил классик: «Для настоящего побега необходимо представлять и твердо знать не куда ты бежишь, а от кого и откуда».

Так я и решился отправиться в путешествие.

Недолго думая, прикинув маршрут, водрузившись мечтой и отчаянным стремлением покинуть Р, я решился отправиться в сказочную и величественную Грузию.

Набросав примерный план, приготовив карты и маршруты, собрав необходимые вещи и попрощавшись с друзьями, я решил отправиться.

В планах было поехать через всю страну, захватив по пути самые интересные и живописные места.

Меня влекли старинные замки и крепости, величественные горы и водопады, каньоны и пещеры, моря и озера, и всё то, что я когда-то мечтал посетить и увидеть, насладившись тишиной и покоем девственной природы. Но самое главное, в этом путешествии мне хотелось снова ощутить воздух свободы и вдохнуть его полной грудью, находясь при этом высоко в горах. Ибо в тот момент времени я находился в очень душном месте, в котором практически всё было пропитано насилием и рабством, и это место надо было покинуть как можно скорее. Забегая вперед, скажем, что удалось это сделать сразу же после пересечения границы, но мы еще успеем об этом в подробностях рассказать и описать свои чувства.

И я, недолго думая, начал собирать вещи. Купил все билеты, договорился с коллегами по работе о долгосрочном отпуске, простился с друзьями и отложил все дела и проекты до лучших времен.

Ехать я решил через город Ставрополь, который мне очень приглянулся своим удобным расположением, чистотой улиц, улыбками людей на улицах, теплым и комфортным климатом, прекрасными видами и разнообразием направлений, в которые можно было через него отправиться. Плюс к тому же лететь до него было достаточно быстро и недорого. В итоге всё так и получилось, но не без эксцессов и сложностей, о которых я еще успею рассказать в этом очерке.

Проснувшись рано утром после беспокойного сна, Илья нет, не превратился в жука, как во всем известной повести. Хотя в глубине души я всё же об этом мечтал, но это другая уже история, о которой мы поведаем чуть позже.

Так вот. Проснувшись ранним утром, собрав необходимые вещи, я отправился в аэропорт. Заблаговременно вызвав такси, которое приехало достаточно быстро и оперативно. На часах было шесть утра, и город только просыпался. Было идеальное время, чтобы отправиться в путь. Подъехала белая фирменная машина, за рулем которой сидел грузный водитель, который всю дорогу нервно сопел и кряхтел, что немного смущало, но через какое-то время я смирился с этим и уже не обращал внимания. Пока я ехал, в моей голове даже пронеслась дикая мысль, что именно у таких людей в самый ответственный момент отказывает сердце. От усталости, чрезмерного курения и в силу других причин, которые, по сути, не имели особого значения, ведь ты уже представлял по пути, как он падает головой на руль, а машина на всей скорости несется в столб, но этого не случилось, хотя тревога усиливалась с каждым километром пути. Всё обошлось. Мы приехали достаточно быстро. Аэропорт был еще относительно пуст, и пройти регистрацию на рейс не составляло труда, хотя при посадке в самолет не обошлось без эксцессов, присущих такого рода полетам. Одного из пассажиров не хотели пускать на рейс из-за габаритов его багажа и ноутбука, который брать с собой в салон ему не разрешили. Из-за этого инцидента он, конечно, устроил большой скандал и разругался со всем персоналом аэропорта, что даже пришлось вызывать полицию, которая его все же успокоила, вскоре подоспев, и, я надеюсь, что он всё же улетел, ведь повод был несущественный, а причина ничтожной.

Полет был достаточно плавный и быстрый, учитывая еще то, что я взял с собой в путешествие прекрасную книгу, состоявшую из двух прекрасных романов Маркиза де Сада и Луи Бретона, в которой уместились два бессмертных романа великих творцов французской словесности. «Жюстина» и «Антижюстина».

Читать в самолете было очень увлекательно и интересно. В какой-то момент даже возникла в голове мысль, что книгу я прочитаю достаточно быстро, но эта мысль быстро улетучилась, я засмотрелся на проплывающие мимо облака за окном и между делом мы уже прилетели в Ставрополь.

2. СТАВРОПОЛЬ

Как и ожидалось, погода стояла прекрасная. Солнце и теплый воздух напоминали о продолжающемся лете, хотя в этих краях в этом не было ничего удивительного.

Машина до Батуми должна была приехать только вечером, поэтому я отправился гулять по полюбившемуся мне городу, наслаждаясь теплым ветерком и непривычно чистым улицам этого прекрасного города. В нем еще было достаточно мест и достопримечательностей, которые я хотел посетить, поэтому я сразу же к ним отправился.

Не зря все-таки в самом центре города красуется памятник бывшему градоначальнику. Город и правда под его чутким руководством признавался много раз самым благоустроенным и чистым в России, что, безусловно, отражалось на лицах местных жителей, которые сияли улыбками и безмятежностью, даже

несмотря на то, что многих активно зазывали на войну, которая продолжается вот уже второй год непонятно зачем и по какой причине. Но не будем тут вдаваться в политику, ибо и без меня есть достаточно людей, которые подробно об этом расскажут и напишут.

А я тем временем продолжу свое повествование.

Прогулявшись по всему центру города, посетив все те места, которые я хотел посетить, отведав местной еды, я пришел в назначенный час на остановку, где, как я надеялся, меня должен был ждать уже автобус. Однако все оказалось не так просто, как я рассчитывал. Время на часах близилось к семи вечера, и автобус должен был уже меня ждать. Но, как часто бывает в моей жизни, меня никто не ждал. Недолго думая, я позвонил водителю, благо, что на билете был написан его номер. При первом наборе номера абонент оказался недоступен. Нотки паники и отчаяния пронеслись в моей душе, и я уже начал нервничать, но по счастливому стечению обстоятельств через пять минут мне пришла смс, что абонент снова в сети. В моей душе снова появилась надежда, я позвонил снова, и в этот раз мне уже ответили.

Ответил Сергей, так звали водителя, хотя ничто в его голосе не выдавало Сергея, скорее, это был голос Ашота с местного рынка, торгующего арбузами, но, как я и ожидал, он начал передо мной извиняться, рассказывать истории, как ему дорога машина и как по необъяснимому стечению обстоятельств она вдруг отказалась ехать. Поэтому он мне сразу предложил два варианта. Либо его знакомый повезет меня до Тбилиси, но уже в десять ночи, либо повезет он за те же деньги, но уже завтра.

Недолго думая, я выбрал второй вариант, хоть он и влек за собой денежные издержки и непредвиденные расходы, плюс к тому же забрезжила мысль, что остаться в Ставрополе еще на один день — не такая и плохая затея. Погода стояла прекрасная, ночи теплые, а переночевать лишний день всегда сулило новыми знакомствами и интересными историями. И я решил остаться в этом чистом и красивом городе еще на одну ночь, чтобы отправиться уже на следующий день.

Как показали последующие события, это решение было вполне обосновано и оправдано. Тем более что я быстро нашел хостел поблизости, и у них как раз оставалось свободное место. Как правило, такие вынужденные остановки всегда чреваты интересными знакомствами, что впоследствии только подтвердилось.

В итоге недалеко от автовокзала для меня нашлась комната. В красивом и живописном месте, где меня ждала улыбчивая и добрая хозяйка, которая не только мне всё показала, но даже предоставила мне зарядку для телефона, ибо моя уже не годилась для местных розеток по неведомой мне причине, что не вызывало больших неудобств, хотя всё к ним располагало. При этом в этом хостеле оказались улыбчивые и приветливые постояльцы. Они не только увлекли меня интересной беседой, но и развеяли мои тревоги, рассказывая за кружкой пива много интересных историй, которые с ними случались за время их неистовых путешествий по Турции и ближней Азии, которую они любили и почитали.

Особенно усердствовал в своих рассказах некий Давид, который на вопросы, чем он занимается, всегда отмалчивался либо просто говорил, что это неважно. При этом все его манеры и фразы выдавали в нем большого начальника туристической компании, которую он считал достаточно крупной, чтобы вести безмятежную жизнь и строить по струнке своих немногочисленных подчиненных.

В общем, я его быстро раскусил, хотя это была не самая сложная задача. Но это всё было неважно, гораздо интересней были его рассказы об удивительных и отчаянных путешествиях, которые он с упоением рассказывал, брызгая слюной и разливая пиво. Уже к полуночи к нам присоединилась милая леди, которая решила уехать от своих тиранов-родителей и спрятаться на время в этом месте. Она также рассказала нам несколько увлекательных историй из своего детства, которые были одна ужаснее другой.

В общем, вечер пролетел незаметно, и, прилично опьянев от выпитого пива, мы все пошли спать, пожелав друг другу доброй ночи.

Скажу сразу, что ночи в таких местах, особенно когда подсознательно еще немного нервничаешь из-за незавершенного дела, мне даются непросто. Я часто не могу уснуть всю ночь либо засыпаю только под утро, но лишь затем, чтобы вскоре проснуться. При этом мне часто снятся очень яркие, но при этом короткие сны, в которых я вижу себя либо в прошлом, либо в далеком будущем, которое меня рано или поздно настигает. Часто это бывают своеобразные предзнаменования, рождающиеся из темных глубин подсознания, которые отражают все мои страхи и переживания, завлекая меня в свои сюрреалистические миры, часто с очень жестким и неожиданным финалом, которые как вспышка проносятся в моей памяти, оставляя глубокие раны на сердце и в глубинах души. Хотя я не думаю, что всё будет именно так и так же трагично, но часто они всё же сбываются, что оставляет на сердце раны, которые время от времени кровоточат. Вот и в ту беспокойную ночь мне снился страх и отчаяние, представленные в форме невиданных мной прежде энергетических существ и сказочных манифестаций, которые поразили меня своей реалистичностью и губчатой структурой, приобретая немыслимые формы. Сон был коротким, хотя и очень ярким, и проснулся я достаточно рано. И как только я проснулся, мне тут же захотелось как можно скорее покинуть это место, не оставляя следов своего там пребывания.

В конечном счете я так и сделал.

Хорошо позавтракав, я пошел искать неизведанные места, которые я не успел еще лицезреть. И я их всё же нашел, еще больше полюбив этот славный город Ставрополь, который возродил в моей душе веру в людей, ни много ни мало. Это еще надо было постараться сделать, ведь все меня знают как отчаянного и строгого критика нашей трагической действительности, и смею сказать, что это вполне оправдано, ибо я много где был и многое повидал как в России, так и за ее пределами. Но, приехав в этот город, я снова поверил в людей, в их искренность и красоту, в смелость улыбок и проявления искренних эмоций без доли фальши и претенциозности, что свойственно людям из больших городов в этой стране.

В общем, гулял я до самого вечера, не думая о времени и неудобствах, которые в любом случае представлялись частью отличного приключения.

Я даже не заметил, как на часах пробило шесть часов вечера и меня уже ждал долгожданный мини-автобус, который наконец-то увезет меня в Грузию.

3. ДОРОГА

В этот раз он все же подъехал. Белый «Мерседес», достаточно комфортный, чтобы вместить человек шесть. Что меня действительно удивило, так это не сама машина, ибо на таких уже приходилось путешествовать раньше, а ее водитель Сергей, который оказался очень харизматичным и интересным человеком. И, думаю, что про него определенно стоит сказать несколько слов, ибо он определенно заслуживает внимания. Он был коренастый, крепкого телосложения, черноволос, и мужественный на вид, он обладал отличным чувством юмора, но, как и все его коллеги по амплуа, чувством музыкального вкуса он не отличался. Всю дорогу включал то грузинские, то русские популярные песни, но при этом очень редко, но все-таки попадались интересные композиции, что меня даже удивляло. При этом он был невысок и больше походил на карлика из фильма Дэвида Линча, разве что на нем не было красного пиджака, вместо этого он носил черную кожаную куртку, что только подчеркивало его харизму и придавало уверенности.

При этом он сразу мне сказал, что во-первых, он подменяет водителя, который изначально должен был нас везти. Во-вторых, он нас повезет только до Тбилиси, после чего нас уже повезут до Батуми его друзья, которых мы будем ждать не больше десяти минут. В-третьих, по пути мы должны забрать армянина, который едет в Азербайджан, и азербайджанца, который едет в Армению, что уже мне показалось странным, и еще трех девушек из разных городов, причем одна из них будет беременна, и поэтому только ее он посадит на переднее сидение рядом с собой.

В общем, я сразу понял, что поездка ожидается непростая, что впоследствии только подтвердилось, но об этом мы еще успеем тут рассказать.

В общем, мы поехали. Сергей нажал на педаль газа и помчался, причем сразу же достаточно быстро и уверенно. Я сразу понял, что маршрут он хорошо знает и возит по нему людей достаточно регулярно, и если некоторое время назад у меня было какое-то волнение, то скоро оно быстро улетучилось.

Не прошло и часа пути, как мы остановились, чтобы подобрать первых пассажиров, про которых я упоминал ранее. Это были: лысый и коренастый армянин лет пятидесяти на вид и похожий на него азербайджанец. Мне даже на мгновение показалось, что они братья, настолько они были друг на друга похожи. Но позже я все же отбросил эту мысль. И все же, судя по их общению, я предположил, что они как минимум хорошие друзья.

Часа через три мы уже доехали до первой остановки, которая была в Минеральных Водах, и именно в этом городе мы должны были подхватить первую пассажирку.

Это была девушка средних лет, спортивного телосложения, с отчетливым белорусским акцентом, немного грубоватая на вид, но при этом достаточно дружелюбная и общительная, что всё вместе выдавало в ней заядлую путешественницу. Уже позже это подтвердилось в разговорах, которые мы вели всю дорогу. Как оказалось, ехала она до Тбилиси.

Сев в машину на заднее сидение рядом со мной, мы сразу начали непринужденное общение. Как принято у всех отчаянных путешественников, делясь планами, историями, направлениями и маршрутами.

Время в такие моменты пролетает незаметно, особенно когда есть что сказать и рассказать, а у нас за плечами было достаточно историй, которые были одна другой интереснее. Вскоре мы уже приехали в Пятигорск, где нас уже ждала следующая попутчица. Её звали Светлана, и она тоже, как и я, ехала в Батуми. Позже у нас еще будет с ней отдельное приключение, о котором я еще успею вам поведать.

Светлана, кстати, была не менее общительная девушка, поэтому историй на заднем сиденье прибавилось, но вместе с тем прибавилось тревог и переживаний, которые свойственны таким поездкам. Примерно через час мы снова остановились, чтобы подобрать последнюю пассажирку, которая достаточно быстро устроилась на место рядом с водителем и заняла последнее свободное место.

Машина была полностью укомплектована, и мы поехали, причем достаточно быстро и уверенно. Почитать в пути в этот раз не получилось, так как очень быстро стемнело, да и разговоры в пути велись достаточно активно, поэтому скучать не приходилось. Вместе с этим и поспать тоже не удалось, ибо кочки и неровности на дороге постоянно будили, не давая уснуть. А путь предстоял достаточно долгий и утомительный, особенно для девушек, которые явно не привыкли к таким поездкам, поэтому периодически они периодически жаловались и переживали из-за всего на свете. Но только не я. Для меня такие поездки всегда увлекательны и интересны, как и виды из окна, и ощущение пути, от которого просто захватывает дух. Я и раньше много раз путешествовал на автобусах и автомобилях, поэтому и эта поездка прошла для меня достаточно привычно, тем более в такой компании и с такими интересными попутчиками. Часов через пять мы уже были на границе, которую, к слову, мы проехали достаточно быстро. У всех с документами был полный порядок, и лишних вопросов пограничники не задавали. Машин в эту ночь ехало не так много, как обычно, поэтому уже через полчаса мы были в Грузии. И уже тут началось самое интересное. Невероятная радость и энтузиазм ярким пламенем вспыхнули в моей душе.

Ощущение свободы, горный воздух меня настолько воодушевили, что спать уже не хотелось. Хотя была уже темная ночь, и почти ничего не было видно, но благодаря подсветке некоторые участки в горах выглядели просто потрясающе. Серпантины, горные дороги, проносящиеся мимо фуры — все вместе давало огромную дозу адреналина и вызывало неподдельный интерес. Между тем на часах уже было часа три ночи, и я стал замечать, как все пассажиры стали плавно погружаться в сон. Все, кроме меня, водителя и сидящей рядом с ним девушки, которая уже успела за время пути разговориться с водителем, и они подружились уже настолько близко, что он ей позволял не только включать ее любимые песни, но и держать руль, когда ему надо было отвлечься на срочный звонок. Что было немного опасно, хотя по ее уверенным движениям было видно, что делает она это уже не в первый раз. Через какое-то время, когда в салоне слышался уже первый храп, я стал замечать, как разговоры водителя с рядом сидящей девушкой приобрели уже откровенно неприличный характер. Он позволял в ее адрес и сальные шуточки, и неприличные комплименты, что было немного необычно, ибо такой наглости я еще не встречал. Дошло до того, что в какой-то момент мы и вовсе остановились, причем остановились у гостиницы, где можно было переночевать и снять номер, что было как-то некстати и не укладывалось в маршрут. Однако когда я краем уха услышал откровенное и наглое предложение нашего водителя рядом сидящей девушке быстро выйти, заняться сексом в гостинице и вернуться обратно, в этот момент я сразу всё понял. Он уже настолько возбудился и разгорячился, что уже был готов ее изнасиловать, хоть в кустах, хоть в гостинице, тем более что он был уверен, что все уже спят и ничего не заметят. Но звонкая и хлесткая пощечина его быстро остудила, разбудив при этом всех пассажиров. После чего у нашего водителя уже не осталось выбора, как продолжить путь и заглушить в себе все похотливые и развратные мысли. Я же при этом, как всегда, не мог уснуть и краем глаза наблюдал эту сцену, которая меня и позабавила, и удивила одновременно. Ведь ничего подобного я раньше не то чтобы не встречал, но даже не задумывался, что такое может случиться. Эта сцена больше походила на эпизод из фильма или сериала, которые каждый день крутят на телевидении. И мы продолжили путь. Сергей явно опешил от такого неожиданного отказа, поэтому еще сильнее вдавил педаль газа и поехал еще быстрее, что было не совсем оправданно, учитывая извилистые и опасные участки на дороге. Было заметно, что такой отказ его явно раздосадовал, и даже на мгновение показалось, что ему нечего терять, но ответственность и профессионализм все же взяли над ним верх, и он через какое-то время все же успокоился. В итоге наша поездка продолжилась, и уже через пару часов стало гораздо светлее. Все мы наблюдали прекрасный рассвет, который в горах приобретает особый, ни с чем не сравнимый шарм, распаляя душу радостью и еле заметной тревогой по поводу предстоящих впечатлений.

4. ТБИЛИСИ - ПРИКЛЮЧЕНИЯ ПО ПУТИ В БАТУМИ

Часов в шесть утра мы уже были в Тбилиси. Все были прилично измотаны и порядком устали, поэтому и диалоги уже были достаточно вялыми и сонными, что меня нисколько не смутило, ведь я именно к этому и готовил себя достаточно долгое время. Скажу даже больше, готовил я себя к этому все лето, отчаянно ища попутчиков и компаньонов, но так никого и не нашел, что поначалу вызывало грусть и тоску, но, уже приехав в Грузию, я понял, что так гораздо лучше, а попутчики всегда сами меня найдут. Ведь таких одиноких путешественников во все времена было достаточно

много, а впечатления и удивительные истории в любимой моему сердцу стране появятся сами собой, ибо люди в Грузии очень гостеприимные и дружелюбные, что так редко можно встретить в современной России, и именно поэтому я и сбежал от всех подальше. Почувствовав себя дома в первый же миг, как я тут оказался. И это ни с чем не сравнимое чувство любви и доброты, гостеприимства и поддержки, и не важно, откуда ты приехал, главное — оставаться человеком в любой, даже самой сложной и опасной ситуации. Как мне этого не хватает в России, знали бы вы, хотя близкие и знакомые мне люди это прекрасно понимают, и это часто является темой многих наших разговоров с друзьями или знакомыми мне людьми.

Как оказалось, приехали мы гораздо раньше запланированного времени. Первые пассажиры уже собирались выходить, и в моей душе пробежала неуловимая грусть, ведь мы уже подружились и очень тепло общались всю дорогу, но надо было прощаться. Но это были всего лишь мысли. Я всех обнял на прощание, кто выходил, осталась только Светлана, которая, как и я, ехала в Батуми.

Приехали мы раньше, поэтому, пока ждали автобус, успели даже немного поспать. Скажу честно, ко мне даже пришел сон. Во сне мне снилось, будто я оказался в раю, среди райских кущ и чудесных пейзажей, где играла настолько красивая и приятная моему уху мелодия, что я по праву до сих пор считаю это самым главным и интересным сновидением чуть ли не за всю мою жизнь. В райском саду звучал очень сладкий и приятный эмбиент. Звуки лиры, наложенные на воздушную и легкую электронику. Я не мог поверить своим ушам. Это была поистине райская музыка, которую я до сих пор никогда в своей жизни не слышал, хотя все многие меня знают как коллекционера самых причудливых и странных звуков, которые я искал всю свою жизнь, разыскивая все самое странное и удивительное, открывая в звуке новые миры и горизонты.

В общем, сон был просто волшебный, и я не раз его еще буду вспоминать в будущем, делясь впечатлениями и новыми открытиями, как с друзьями, так и со знакомыми мне людьми.

И в столь поздний час, допивая последний бокал божественного Pirosmani, я вспоминаю этот сон, который вызвал во мне столько эмоций и прекрасных воспоминаний.

Меня разбудило легкое похлопывание по плечу. Подъехал наш автобус до Батуми, и надо было отправляться в дальнейший путь. Я быстро побежал к обменщику валюты, чтобы обменять немного рублей на местные лари, хотя курс был совсем невыгодный, но, как позже оказалось, это было правильное решение, которое чуть позже меня еще выручит, но об этом я еще успею тут рассказать.

Так вот, мы пересели, простились со всеми, кто ехал в другие края, и отправились по маршруту из Тбилиси в Батуми. Ехать предстояло часов шесть, но мне уже было неважно время, ибо я уже прилично устал, и была только одна мысль — как можно скорее доехать.

Людей набрался полный мини-автобус, но что это были за люди, мне еще предстояло узнать. Тут я расскажу только о тех, с кем мне удалось пообщаться и познакомиться.

Так вот, кроме Светланы, с нами еще ехали две грузинские подружки восемнадцати лет, веселые и беззаботные, что мне сразу бросилось в глаза. В одну из которых можно было смело влюбиться, но я прекрасно понимал, что судьба нас непременно разъединит, хотя чуть позже я успел с ней немного пообщаться. Также ехала группа друзей-спортсменов, грузинский парень, которого звали Ризо, к слову, мы с ним сразу нашли общий язык. Также ехало несколько женщин, которые вышли по пути, и второй водитель, который всю дорогу курил сигареты прямо в салоне, одну за другой на протяжении всей поездки. Путь был неблизкий, но невероятно увлекательный, что я еще успею вам о нем рассказать. Всю дорогу я не мог сомкнуть глаз, ибо виды за окном превосходили все мои ожидания. Величественные горы, густой туман на многих вершинах, водопады, каньоны, замки и крепости высоко в горах, живописные деревушки на склонах и бесчисленные туннели, которые пронизывали горы насквозь. Туннели, которые строились в огромных количествах на протяжении всего пути. Могу только представить, как будет легко и удобно путешествовать по самым, казалось бы, недоступным горным участкам, до которых раньше можно было добраться разве что пешком или на лошади, но технологии шагают вперед, и дорога сквозь горы, когда-то казавшаяся невозможной, становится невероятно увлекательной и интересной. Приближался уже пятый час пути. При этом мы много раз останавливались в очень красивых местах, что уже бодрило и радовало одновременно. В этот момент на стекло начали капать первые капли дождя. Казалось бы, ничего необычного в этом не было, но уже позже я понял, что не всё так просто. В то время как поездка должна была приближаться к завершению, а дождь всё усиливался, я заметил, как водитель свернул с намеченного маршрута. Все неожиданно вышли и начали о чем-то громко между собой общаться на грузинском. Меня и Светлану это немного смутило, но чуть позже, когда мы вышли, нам сообщили, что все дороги по пути в Батуми затопило, разразился сильный шторм, и дальше мы уже проехать не сможем. Я посмотрел на карту, мы были в местечке, которое называлось Ланчхути, на железнодорожной станции. Ближайший поезд до Батуми будет проезжать только в семь вечера, а на часах было около часа дня.

Станция, на которой мы были вынуждены остановиться, представляла собой достаточно жалкое зрелище. Обветшалые стены еще советской постройки и повсюду снующие собаки, которых в Грузии достаточно много. Они всегда голодные, но при этом, они дружелюбные и не пристают к туристам. Им тут настолько хорошо живется, что они либо спят в тени, либо лежат на спине, лапами к верху, с блаженной улыбкой на морде. Вот и в этом месте их было тоже достаточно. В моем рюкзаке еще оставались сладкие вафли, и, на радость псам я с ними делился, хотя сам был уже очень голодный. Из за этого они всей сворой за мной ходили. Один пес даже вставал на задние лапы и прыгал вокруг меня, пытаясь вымолить для себя еще одну вафлю, в награду за его фокусы, я отдал ему последнюю.

Единственный человек, кроме нас, кто был на этой станции, была пожилая женщина-кассир, которая была с нами очень любезна, хорошо говорила по-русски и отвечала на все наши вопросы. Так что мы устроились на скамейке рядом и принялись ждать поезда. И в этот момент оказалось, что многие, кто с нами ехал, отлично общаются по-русски. Благодаря чему я со всеми познакомился получше, особенно с Ризо, про которого, я уже тут писал и который оказался отличным парнем. Как он мне рассказал, русскому языку его научил отец, который служил когда-то в русских вооруженных силах. Он-то как раз и привил ему любовь к русскому языку и литературе, благодаря чему он рассказал нам несколько интересных историй. В общем, мы не скучали, и уже через какое-то время дождь стал стихать, и вместе с этим к нам пришла хорошая новость. Через полчаса должен был проезжать поезд, который следовал до Уреки, а оттуда добраться до Батуми было достаточно просто. Так что мы восприняли эту новость с заметным энтузиазмом, особенно Светлана, которую такие неожиданные приключения утомили больше всех. К тому же она созвонилась со своим другом, который любезно согласился подхватить нас из Уреки на машине и отвезти в Батуми, что было не сильно далеко. Также он был не против взять Ризо с нами за компанию. Он ехал в Кабулети, что было по пути. Тем временем поезд был уже на подходе, мы оперативно приобрели билеты и отправились на платформу. Пока мы шли, поезд уже подошел. Мы заняли удобные места и поехали, обрадованные тем фактом, что так удачно получилось. Доехали до Уреки мы достаточно быстро. Там нас уже ждала машина, и, оперативно пересев на заднее сидение, мы поехали в Батуми. За окном виднелись невероятно красивые горы и водопады. Проезжая мимо заповедника Мтирала, который располагался на одноименной горе, я поразился его разнообразием растительности и «шапкой» тумана, которая выглядела очень живописно. Не просто так местные называют эту гору «плачущей», так как туманно тут практически круглый год. Все это вызывало ни с чем несравнимые эмоции и ощущения счастья и радости. Вскоре мы уже были в Батуми. По пути простившись с Ризо, который вышел в Кабулети. Обменявшись со всеми телефонами, тепло попрощавшись и пожелав удачи, я пошел искать свой отель.

5. БАТУМИ - КРЕПОСТЬ ГОНИО

По пути я сразу же почувствовал и ощутил местную атмосферу. На улицах было как всегда многолюдно, ведь Батуми давно уже славится как город настоящих путешественников, в котором собраны люди со всего света. В воздухе было ощущение свободы такой силы, что я сразу же почувствовал себя дома. Виды на море и город были просто фантастические. Современная архитектура здесь соседствовала с величественными памятниками как раннего, так и позднего средневековья. Особенно меня впечатлила крепость Гонио, которая находилась недалеко от города. Проходя мимо, я решил ее посетить.

Возведенная еще древними римлянами, больше двух тысяч лет назад, она всецело символизировала величие и могущество древнеримской империи и вместе с тем гений римских инженеров, благодаря чему ее стены прекрасно сохранились. На ее территории

до сих пор производятся раскопки, которые открыли всему миру множество секретов и уникальных сокровищ, которые все собраны в местном музее. Ее стены прекрасно сохранились. Аккуратно сложенные из черного вулканического камня, они были достаточно прочные, чтобы сотни лет отражать вражеские атаки. Пока я ее осматривал, я примкнул к русской туристической группе, которые так же, как и я, изучали местные достопримечательности. От их гида я узнал, что первые упоминания об этой крепости принадлежали Плинию Младшему еще в начале первого века нашей эры. Во втором уже веке на этом месте был уже хорошо укрепленный римский город, а крепость была своеобразной военной базой, и именно здесь проходила восточная граница Римской империи, что делало ее важным стратегическим пунктом. Крепость помогала защитить входы в ущелье рек Чорохи и Ачарисцкали и выполняла важную оборонительную функцию. Уже позже город завоевали византийцы, и место сменило название на Ансаре. С 1547 по 1878 год крепость принадлежала Османской империи, после заключения мира в русско-турецкой войне она уже стала частью Российской империи.

Полное название крепости звучит как Гонио-Апсарос, и существует легенда, что эта приставка через тире имеет отношение к древнегреческому мифу об аргонавтах. Якобы именно здесь похоронили убитого Ясоном сына колхидского царя Ээта — Апсирта.

Гуляя по территории крепости, я заметил интересную могилу, и как позже мне рассказали туристы из группы, секрет ее в том, что, по легенде, там покоится Матвей — один из 12 апостолов Иисуса Христа. Существует гипотеза, что после смерти своего учителя он пришел сюда проповедовать. Но удостовериться в этом на 100%

нет возможности, т. к. правительство Грузии запретило любые раскопки вблизи могилы. Но легенда в любом случае интересная.

Отдельный интерес у меня также вызвали сохранившиеся останки канализации тех времен и трубопровода, по которому подавали в том числе и горячую воду для важных господ, предварительно нагретую над огнем в больших чанах.

Побродив по ней еще несколько часов, я пошел искать свой отель. Находился он в самом центре города, рядом с площадью Европы, в шаговой доступности от моря и всех достопримечательностей. Я быстро скинул вещи, перекусил и пошел гулять по красивейшей набережной, которая ночью поражала яркостью красок и обилием туристов со всего света.

Пришел в отель я уже за полночь. Уставший, но при этом очень довольный, я быстро уснул, сразу же погрузившись в глубокий сон.

Так прошел мой первый день, и мое приключение только начиналось.

На следующий день я запланировал поездку в Зугдиди, но переменчивая погода внесла свои коррективы. С самого утра пошел сильный дождь, который по прогнозу должен был закончиться только к вечеру. Прогулявшись немного и промокнув до нитки, я все же решил отложить поездку на следующий день. Проведя полдня в отеле за чтением «Антижюстины» и беседами с постояльцами отеля, я вышел на прогулку только к вечеру, отправившись в ту часть города, где я не успел еще побывать. В итоге я прекрасно провел время, наслаждаясь шедеврами архитектуры и красивыми видами, которые поджидали меня на каждом шагу.

Уже ближе к ночи я созвонился со своими друзьями, которых очень давно не видел. Встретить их в Батуми для меня было очень приятно. Мы поужинали и провели чудесный вечер за теплыми беседами и прогулками, а уже ночью даже успели посетить музыкальный фестиваль, который меня очень порадовал интересной музыкой и доброй атмосферой. Даже собаки танцевали в ту ночь, что лишний раз доказало, что я оказался в нужное время в правильном месте. В отель я уже пришел достаточно поздно, что, впрочем, не помешало мне распланировать следующий день и выспаться, ведь планы у меня были внушительные.

6. ЗУГДИДИ - ДВОРЕЦ ДАДИАНИ

На следующий день с самого утра я отправился в Зугдиди. Автовокзал был в получасе пешком от моего отеля, и уже на подходе к нему я познакомился с Геннадием, который был опытным водителем и регулярно возил людей по этому маршруту. Он мне оставил свой телефон на случай, если я где-то потеряюсь, и попросил ему позвонить в случае чего, чтобы он меня смог увезти обратно. Ехать было недолго, около трех часов, проезжая такие города, как Кобулети, Поти, Уреки, которые по-своему были очень красивы, поэтому и поездка пролетела незаметно.

Приехав в Зугдиди, я сразу же отправился к дворцу Дадиани, который я давно хотел посетить. Выполненный в средневековом стиле, он был очень красив и хорошо сохранился. Это была старинная резиденция мегрельских правителей, которые о нем всегда хорошо заботились. Сложенный из хорошего камня, что позволило ему хорошо сохраниться до наших дней.

Его история началась в 1837 году, когда по повелению князя Давида Дадиани в Зугдиди были возведены временные дворцы, превратившиеся впоследствии в современные резиденции. В 60-х годах XIX столетия их сменил двухэтажный Королевский дворец, а в

1880-х рядом с ним появился презентабельный дворец Нико Дадиани, построенный российским архитектором Леонидом Васильевым. Его также отличает эффектная классическая архитектура, в которой удивительным образом сочетаются имперские и национальные мотивы грузинского зодчества. Стрельчатые окна, арочные проемы, оригинальные башенки на кровле, лепные рельефы на стенах — всё это, по моему мнению, позволяет назвать дворец одной из самых красивых построек в Грузии. Не менее шикарно смотрелись интерьеры сооружений,

особенно внешняя галерея, деревянные потолки которой выглядят как истинные произведения рукотворного искусства. Их фигурные завитки и орнаменты гармонично смотрятся на фоне простых, грубоватых колонн и хорошо сочетаются с резными дверьми, металлическими подсвечниками, мебельными гарнитурами работы мастеров французской школы XIX столетия.

Я решил также осмотреть его убранство. Зайдя внутрь, я был просто поражен обилием находок и уникальных вещей. Как мне сказал местный гид, при строительстве комплекса на его территории случайно обнаружили уникальные нумизматические материалы из древнего города Археополиса (ныне — Нокалакеви). Находки послужили поводом для создания собственного музея, который открылся в Королевском дворце стараниями принца Давида Дадиани. Музейный фонд включает в себя более 44 тысяч экспонатов, датируемых от I века до нашей эры и до XIX столетия современной эпохи. Помимо тех давних находок, в его стенах представлено бесчисленное количество других ценных предметов и артефактов. Прежде всего, это археологические экспонаты древнегреческого и грузинского периода, христианские священные реликвии, в том числе Святая риза Богоматери, образцы европейского прикладного искусства, реликвии принцев Самегрело и королевских семей Франции, России, Испании, рукописи XV–XIX вв., библиотеки Наполеона и семьи Дадиани, европейское и азиатское оружие, коллекция картин русских передвижников, французских живописцев-баталистов и английских художников-маринистов, собрание фотографий, посуда из хрусталя, фарфора и фаянса. Но самым главным достоянием музея считается посмертная маска Наполеона, выполненная из бронзы после кончины великого императора. Как мне сказал тот же гид, всего было изготовлено три такие маски — одна из них содержится в частной коллекции, вторая хранится в церкви Мизарикордия на острове Эльба, а третья досталась Грузии от потомков Мюрата, которые некоторое время владели дворцом Дадиани. Выходя из дворца, мне было сложно обойти вниманием блистательный Ботанический сад, раскинувшийся вокруг дворца на площади 26,4 га. Своим появлением этот райский уголок, созданный в середине XIX столетия, обязан Екатерине Чавчавадзе-Дадиани (супруге Давида), которая для создания парковой зоны выписала опытных садовников из Европы. Княжна с энтузиазмом относилась к своей работе и за короткое время наполнила сад множеством экзотических растений. Сегодня он насчитывает более 80 видов представителей флоры, доставленных на территорию Грузии из стран Юго-Восточной Азии, Индии, Японии, Средиземноморья и Америки. Особенно меня поразила его планировка, в чем была заметна рука настоящего гения ландшафтного дизайна давно минувшей эпохи. Немного отдохнув и хорошо все осмотрев, я отправился в город. Прогуливаясь по его улицам, я неожиданно заметил знакомые лица. Это был армянин и азербайджанец, с которыми я ехал из Ставрополя. Волею судьбы они оказались в Зугдиди проездом. Мы сразу же друг друга узнали и разговорились. Я был очень удивлен, что их тут встретил. Пока мы болтали, они мне поведали интересную историю про дворец, сад и близлежащие горные ручьи, к которым они регулярно ездили, чтобы отдохнуть и укрепить здоровье. Находились они совсем недалеко от города, и, проходя через него, как гласит легенда, можно было выйти молодым и красивым. Я оценил их чувство юмора, но проверять не стал, у меня уже на это не было времени, однако история мне очень понравилась. Вскоре я с ними уже распрощался. Пожелав им прекрасных впечатлений, я отправился в дальнейший путь. Погуляв еще пару часов, я вдруг вспомнил, что друзья меня пригласили на концерт, который должен был быть вечером в Батуми, поэтому я быстрым шагом отправился на автовокзал. Я даже немного заблудился по пути, что, впрочем, меня не сильно расстроило, ибо вдалеке виднелся очень живописный пейзаж, которым было приятно любоваться. Так что я нашел правильную дорогу и пришел к назначенному часу, где меня уже ждал Геннадий, который уже ждал меня и других пассажиров. Через некоторое время мы уже поехали обратно в Батуми по той же дороге.

7. БАТУМИ - ДАЛЬНЕЙШИЕ ПРИКЛЮЧЕНИЯ

Приехав достаточно быстро, я сразу же пошел по указанному адресу, который мне оставили друзья на предполагаемый концерт. По крайней мере, я думал, что это должен был быть именно концерт, но оказалось, это было не совсем так. Достаточно сказать, что место, где он проходил, было необычное и в высшей степени андеграундное. Клуб назывался «Гиглз», и его очертания были до боли знакомы. В Петербурге таких клубов до сих пор достаточно много, особенно в центре, поэтому чувство было, словно я переместился в прошлое, в пространстве и времени. Но все это было мимолетно, ибо события меня захлестнули уже по прибытии. Публика была в основном русскоговорящая. По большей части это были либо беглые художники и музыканты, либо случайные путешественники, либо обычные туристы, которые зашли скоротать вечер.

Придя туда, я сразу же попал на лекцию, посвященную партизанскому движению во время Второй мировой войны. Которая по-своему была увлекательна и интересна. Чего-то нового я в ней, конечно, не узнал, ибо эта тема меня интересовала и раньше. Я достаточно часто к ней прибегал во время моих интеллектуальных поисков и изысканий. Самое интересное все же было еще впереди.

После окончания лекции я вышел во двор, где встретил очень разношерстную публику. Особенно было много путешественников, которые так же, как и я, путешествовали по Грузии. На этом фоне мы все и познакомились и около получаса болтали на разные темы. Вечер был теплый, поэтому я наслаждался каждой минутой.

На какое-то время я даже забыл, где нахожусь, и было чувство, что я вернулся в старый добрый Питер. Таких мест и компаний там более чем достаточно, и подобные мероприятия проходят достаточно часто. Но не будем далеко отходить от темы.

После лекции состоялся интересный разговор современных партизан с теми людьми, которые им всецело сочувствовали, делились историями из жизни и собирали пожертвования украинским беженцам, которые были вынуждены бежать от войны, проходящей в их стране.

Время уже близилось к полуночи. Все ждали концерта. Должна была выступать группа под названием «Волшебная одноклеточная музыка», с которой я уже был достаточно хорошо знаком, ибо был на их концертах множество раз. Тот факт, что они выступали в Батуми в этот день, меня очень удивил. Забегая вперед, могу смело сказать, что концерт удался на славу. Настоящий и самый что ни на есть тягучий, словно резина, краут-рок в своем лучшем варианте. Сейчас такой редко можно было встретить, особенно в Грузии.

Так что я был невероятно рад, что оказался в этом месте в этот час. Я получил огромное удовольствие от музыки, и пару часов концерта пролетели незаметно. День вместе с тем уже заканчивался, и я отправился спать, ибо приключение мое только начиналось, а путь мне предстоял еще долгий.

Стоит также отметить, что, общаясь со своими друзьями, я невольно, а может, и совершенно сознательно поделился своими планами касательно моих приключений в ближайшие дни. Я планировал посетить еще множество городов, и путь предстоял нелегкий. Все друзья при этом меня горячо поддержали и всячески напутствовали, дав мне в дорогу целую пригоршню волшебных капсул, которые должны были меня поддержать и придать необходимых сил в моем приключении. В капсулах содержался концентрированный и перетертый в порошок красный мухомор, собранный в далеких сибирских лесах. Как я понял, в последнее время он стал особенно популярен в творческой среде, и его многие использовали для работы и немного для удовольствия.

Принимая по капсуле перед ответственной работой или событием, концентрация внимания улучшается, а силы пребывают, что хорошо настраивает на нужный результат. Сама природа дает нам сил, и кто мы такие, чтобы не пользоваться ее дарами? И, как позже оказалось, капсулы мне очень помогли, не давая сильно уставать в дороге, сохраняя при этом полную концентрацию и внимание.

Как я и писал ранее, моя гостиница, где я остановился, находилась совсем рядом с морем, что давало ей преимущество перед всеми остальными. Но чтобы ее отыскать, надо было пройти через узкую улицу и свернуть во двор. Это не всегда у меня получалось с первого раза, поэтому иногда приходилось плутать и тратить время на поиски. Вот и в ту ночь я нашел ее не сразу, что, впрочем, не помешало мне хорошо выспаться.

Проснувшись достаточно рано по местным меркам, часов в семь утра, когда город еще только просыпался, а местные продавцы фруктов только начинали раскладывать спелые плоды по прилавку, я отправился в путь. Дорога вела меня в древний город Ахалцихе.

8. АХАЛЦИХЕ

Этот город находился на самом юге Грузии. Находясь на реке Поцхови, которая, в свою очередь являлась левым притоком Куры, Ахалцихе, когда то, являлся сосредоточием культуры и искусств, политики и экономики области Месхетия. Так же, когда то давно, город был резиденцией рода Джакели, которые, на протяжении пятисот лет были наиболее мощной политической силой Южной Грузии.

Честно признаюсь, об Ахалцихе я знал не так много, поэтому пока ехал в автобусе, я старательно восполнял свои знания об этом древнем месте, что очень меня увлекло на ближайшие шесть часов пути.

Привлекала меня в этом месте, прежде всего Ахалцихская крепость, которая, во все времена, была всемирной исторической достопримечательностью, древним памятником как Грузинской, так и Османской империи. Начиная уже с 12 века, эти два великих царства воевали между собой, и на этой территории все время шла ожесточенная борьба. Нужны были очень мощные, крепкие оборонительные сооружения и мощные стены, чтобы выдержать натиск неприятеля, поэтому я совсем не был удивлен, когда это все увидел своими глазами. Соприкосновение и пребывание в таких древних исторических местах всегда придавало мне сил и

впечатлений. Забегая вперед, скажу, что все более чем оправдалось, и время я там провел просто прекрасно.

Приехал я еще днем, когда светило яркое солнце, и воздух уже достаточно прогрелся, чтобы на лбу образовалась испарина. По пути проезжая десятки туннелей, которые пронизывали горы насквозь, сокращая расстояние между городами и поселениями.

Пока мы ехали, я не мог оторвать свой взор от прекрасных и величественных горных вершин, водопадов и горных рек. Я был просто поражен их силой и красотой. Вся дорога была одним сплошным приключением, поэтому, я всегда говорил, что путешествовать на автомобилях огромное удовольствие, и я никогда не понимал людей, которые этого опасаются или бояться.

День, как я уже написал выше, был просто прекрасный и солнце светило ослепительно ярко. Приехав в Ахалцихе я сразу же решил прогуляться по городу, ибо он был по своему красив и удивителен. В самом центре города, на площади, возвышался огромный памятник царице Тамаре, который выглядел очень внушительно и ошеломлял меня своими размерами. Я сразу подумал, что как же повезло тому народу, которым правила столь величественная, столь и мудрая женщина. Хоть правила она уже много веков назад, но время ее правления до сих пор считается золотым веком в истории грузинского царства. Да и сам монумент был в хорошем состоянии, что только убедило меня в мысли, наряду с другими фактами, что в этом небольшом городе живет много порядочных и добрых людей. Сей факт, в последствии подтвердился, во время моего недолгого пребывания, я несколько часов гулял по городу и, чуть позже, пошел искать свой новый дом.

Сразу скажу, что находился он в чудесном, очень удобном и живописном месте. Величественная крепость была совсем рядом. Приняли и встретили меня очень радушно. Хозяйкой была очень милая и приветливая женщина, которая прекрасно говорила на русском и с первого взгляда располагала к доброте и комфорту. При этом, она прекрасно готовила и приготовила мне очень сытный и вкусный обед. Немного отдохнув, я отправился в Ахалцихскую крепость. Немного истории, правда, про нее стоит рассказать. Первоначальное название крепости в 9 веке было Ломсиа, что с

грузинского переводится как львиная, в конце двенадцатого века Ломсиа приобрело новое имя Ахалцихе что дословно переводится как «Новая крепость» , современное одно из названий «рабат» еврейского/арабского происхождения и означает любое укрепленное место. Обычно так называли торговый квартал при крепости, ранее в районе Рабата жили в основном еврейские купцы и ремесленники, однако название постепенно приклеилось к самой крепости, строго формально рабатом считается та часть Ахалцихе, которая находится на высоте у крепости.

Приближаясь к ней, я сразу же ощутил величину и силу этого древнего места, тем более, что она была совсем недавно реконструирована и восстановлена, находясь в очень хорошем состоянии. Величина и толщина стен, ворота и сторожевые башни, все это вызывало настоящий восторг.

В самом центре крепости находился замок Джакели, который возвышался на небольшом холме. Так же, рядом с ним находился христианский храм. Кроме того, на территории крепости был двор, арсенал, монетный двор, баня, мечеть в стиле Византийской православной церкви, в которой, как говорят, когда то давно находилась одна из богатейших библиотек мусульманского востока. Так же, там находился туннель, ведущий к реке Поцхови, который, правда, был временно закрыт. При этом, туристов в этот день, было достаточно много особенно из Китая и Чехии, что только украшало этот день и разбавляло атмосферу.

Прогуливаясь по саду внутри крепости, мимо амфитеатра, осматривая мечеть, я не переставал удивляться истории и древности этого прекрасного памятника ушедшим эпохам, величественным народам и ожесточенным сражениям, которые не прекращались в этих местах во все времена. В настоящее же время, это превратилось в исторический памятник и одну из главных

достопримечательностей, как Грузии, так и всего региона, который только украшает этот тихий и маленький городок.

Хорошо и подробно все изучив, я отправился к выходу, последний раз пройдясь по стенам крепости и наслаждаясь чудесным видом, который открывается с ее высоких стен. По пути, я уже встречал первые отблески заката, который, своими нежными персиковыми оттенками насыщал мой взор и оставлял в душе очень теплые и красочные воспоминания.

Купив по пути бутылочку доброго вина из местных виноделен, я решил отпраздновать этот прекрасный и насыщенный день и начать делать первые заметки к этой рукописи, которую, я до сих пор продолжал, стараясь подробно отмечать все события и эмоции которые меня посещали.

Начав свою работу над текстом, я сразу отметил, как легко и вдохновенно мне пишется в этом чудесном месте. Когда крепкое красное вино придает контрастов, а горный воздух насыщает твою кровь кислородом и весь мрак и ужас остались далеко позади. Когда тебя никто не отвлекает своими мелочными проблемами, когда никто не стучит в дверь, когда не звонит телефон, когда не надо бежать смотреть футбол или очередной тупой сериал, когда не надо спешить на работу, когда не надо следить за погодой за окном, когда не надо никому звонить, когда не надо встречать друзей, когда не надо готовить еду, когда не надо идти за покупками, когда не надо стоять в очередях, когда не надо мокнуть под дождем, когда не надо читать плохие новости, а других уже и не бывает, когда не надо реагировать на бесчисленные события, когда не надо спешить, когда не надо бежать, когда не надо к кому то ехать, когда не надо кому то, что то объяснять, когда не надо ничего рисовать, когда не надо никого слушать, когда не надо никого ругать, когда не надо ни на кого злиться, когда не надо никому жаловаться, когда не надо никого бить, когда не надо

никого наставлять, когда не надо ничего рассказывать, когда не надо ничего просить, когда не надо ни перед кем унижаться, когда не надо ничего покупать, когда не надо идти спать, когда не надо ничего покупать, когда не надо следить за скидками, когда не надо следить за реакцией, когда не надо фотографировать, когда не надо в очередной раз удивляться тупости людей, когда не надо с кем то соревноваться, когда не надо никого проклинать, когда не надо анализировать, когда не надо делить на части, когда не надо отвечать на письма, когда не надо что то продавать, когда не надо вести переговоры, когда не надо идти в суд, когда не надо писать жалобы, когда не надо звонить, когда не надо общаться с коллегами по работе, когда не надо бояться начальника, когда не надо спешить на самолет, когда не надо вызывать такси, когда не надо покупать книги, когда не надо следить за уровнем сахара в крови, когда не надо спасться от ветра, когда не надо искать туалет, когда не надо спешить в театр, когда не надо считать минуты, когда не надо поливать цветы, когда не надо играть на флейте, когда не надо принимать лекарства, когда не надо выбирать обувь, когда не надо бояться воды, когда не надо принимать антидепрессанты, когда не надо идти к психологу, когда не надо давать интервью, когда не надо отвечать на вопросы, когда не надо сниматься в кино, когда не надо играть в теннис, когда не надо выбирать песни для радио шоу, когда не надо рыться в своих заметках, когда не надо гулять по лесу, когда не надо собирать грибы, когда не надо ехать в Омск, когда не надо вспоминать бывших друзей и подруг, когда не надо спорить о природе цвета, когда не надо ругать себя за то, что сделал что то неправильно в прошлом, когда не надо мыть посуду, когда не надо стирать грязные вещи, когда не надо дарить цветы, когда не надо продавать вазы, когда не надо добывать огонь, когда не надо ждать помощи, когда не надо беспокоиться о том, что твоя полка для книг вот-вот рухнет, под тяжестью Монтеня и Руссо, когда не надо обсуждать очередные проделки старого упыря, когда не надо обсуждать очередные конспирологические теории, когда не надо спорить с соседом на тему, ботоксный это или банкетный, или его просто забыли разморозить, когда не надо развлекать соседского кота, когда не надо спорить с соседями, когда не надо оплачивать квитанции, когда не надо сетовать на то, что очень быстро темнеет, когда не надо расстраиваться по поводу того, что Аннушка уже разлила масло, когда не надо жарить орехи, когда не надо считать деньги в кармане, когда не надо торопиться на урок английского, когда не надо завидовать тем, кому повезло, когда не надо выигрывать, когда не надо проигрывать, когда не надо лежать, когда не надо стоять, когда не надо говорить, а можно просто писать в свое удовольствие, когда твоя душа, так и проситься в полет. И именно в тот момент я понял, что вечные вопросы, которые я себе задавал всю жизнь умнее не стали. Поэтому они и вечные. Может быть, в этом и дело. Не думать где выход, а понять, что жизнь – это распутье, на котором ты стоишь прямо сейчас, тогда и лабиринты смыслов исчезнут, ведь существует он только у нас в уме, а в реальности, есть только простой выбор, куда дальше.

Через какое то время, я стал замечать, что бутылка вина уже заканчивается, и в тот момент я услышал, как меня кто то звал. Я вышел посмотреть, и увидел хозяина этого дома и хозяйку с сыном, которые звали меня присоединиться к их ужину. Я не стал пренебрегать их гостеприимством и присоединился, и нисколько об этом не пожалел. Еда была очень вкусная, фрукты спелые и сладкие, а местная чача была просто невероятно крепкая. Беседа лилась рекой, стол ломился от вкусной еды, и на удивление, я сразу со всеми нашел общий язык. Ведь умные и просвещенные люди всегда найдут о чем поговорить, а в этом доме другие не обитали, что меня очень порадовало. Все присутствующие интересовались и политикой, и искусством, и музыкой, и кино. Я в свою очередь, делился историями из мест, где я побывал, в ответ мне рассказывали местные легенды и обычаи. Время пролетело очень быстро, и расстались мы практически под утро, что не помешало мне крепко и блаженно уснуть, набравшись сил перед следующим приключением, которое мне предстояло на следующий день, а впечатления меня ждали не менее удивительные.

Хорошо позавтракав утром, я простился со всеми обитателями этого прекрасного дома, и отправился в Боржоми.

9. БОРЖОМИ

Ехали мы не очень долго. Всего около трех часов. За красотой видов и пейзажей за окном я уже перестал замечать подобные расстояния, тем более что в дороге я был увлечен чтением, что еще быстрее ускоряло время, и уже очень скоро мы приехали на местный автовокзал. Стоило мне выйти из автобуса, как я сразу же почувствовал местный воздух, про который мне раньше рассказывали друзья и знакомые. Он был очень свежий, с легкими нотками серы и минералов, которые в этих краях встречались не только в воде, но и в некоторых продуктах. Вид, представившийся моему взору, был очень красив и своеобразен. Величавые горы, уходившие за горизонт, окутывающий их вершины туман, горная река, которая пронизывала город насквозь, обширная растительность и подвесные мосты, которые я раньше видел не так часто, но Боржоми ими славился, тем самым привлекая многих

туристов со всего мира. Недалеко от автовокзала я сразу же заметил огромный и очень искусно сделанный памятник великому русскому композитору Петру Ильичу Чайковскому. Монумент был по-своему необычен и отличался от многих других памятников, воздвигнутых в его честь, виденных мной в разных уголках России. Здесь он не сидел на стуле или скамейке, дирижируя невидимым оркестром, а стоял, опираясь на трость, и как будто куда-то спешил, правой рукой делая характерный жест, словно композитор кого-то предупреждал от опрометчивого и глупого поступка.

В общем, он мне сразу понравился, тем более что позади него находилась музыкальная школа, из окон которой все время доносилась красивейшая музыка, которая так приятно ласкала мои уши и воодушевляла на новые открытия. Перед памятником также

находился небольшой фонтан, сквер, и само место было очень уютное и музыкальное. Отдельно стоит также упомянуть о небольшой табличке, которая была закреплена на стене музыкальной школы. Текст на ней был написан на грузинском и русском языке, благодаря чему мне удалось его прочитать. Это была знаменитая фраза Чайковского о Боржоми, которая гласила: «Одно из прелестнейших мест, когда-либо мною виденных». Признаюсь, что у меня самого эта фраза часто вертелась в голове, пока я тут гостил, мне и самому хотелось сказать это не раз и не два. Испив воды из питьевого фонтанчика, которые, к слову, были тут повсюду, я отправился искать свой новый дом. Хоть и находился он совсем рядом, но найти его было не так-то просто. Никаких табличек не было, поэтому пришлось расспрашивать местных жителей, которые любезно мне подсказали дорогу и проводили меня в нужное место. Хозяйка меня встретила очень радушно. Это была грузинская женщина средних лет, которую звали Ванико. Она мне сразу показала мою комнату, кухню и ванную. Все было аккуратно и минималистично. В доме также была винтовая лестница, которая вела на террасу, с которой хорошо просматривалась панорама этого уютного и красивого города. Скинув рюкзак и приняв душ, я отправился искать местные достопримечательности.

Еще утром местные жители рассказывали мне, что в предместьях, где-то рядом с городом, на высокой горе есть крепость, которую я непременно хотел отыскать. Проходя мимо частных домов и собирая по пути спелые сливы, которые тут росли в изобилии и буквально падали мне на голову, я все время смотрел на горные вершины в надежде ее отыскать. Сделать это было не так уж и просто, но добрые местные жители в очередной раз мне помогли и подсказали дорогу. К крепости вела узкая лестница, которая располагалась между домами и уходила в гору. Поднимаясь по ней все выше, я уже видел руины стен и башен. Скоро я уже увидел табличку с подробным описанием крепости. Это была «Gogia Fortress» или Гогиясцихе. Сохранилась она, к слову, достаточно плохо. Осталась только стена и одна из башен, но вид на город и близлежащие поселения был с нее просто фантастический. Город был как на ладони, видно было всё в мельчайших деталях. С этой целью ее и строили когда-то, уже очень давно. Дата постройки при этом варьируется между десятым и четырнадцатым веками. После четырнадцатого века таких крепостей и башен уже не строили, что, в свою очередь, делало ее по-своему уникальной. Она возвышалась с целью охраны входа в ущелье от нашествия турок, которые раньше часто воевали с местными феодалами. Также недалеко виднелись и другие крепости: Сали, крепость Петра и крепость Гвиргвина, которые находились к северо-востоку.

В одно мгновение у меня даже пробежала мысль тоже до них добраться, но путь предстоял нелегкий, а я всё еще хотел отправиться в центральный парк. В котором, как позже оказалось, я и проведу остаток дня.

И всё же, прежде чем отправиться дальше, я решил сделать небольшой привал. Я кушал спелые сливы и пристально смотрел на небо. В один момент в проплывающих мимо облаках я вдруг увидел огромного и пьяного грузинского мужика с гармошкой до неба, с очень тупым и рыхлым лицом. Он играл на своей гармони какую-то дурную грузинскую песню уже долго-долго. А гармонь его уже вся засаленная и блестит, и когда внизу, как я сейчас, это замечают, это и называется отблеском высшей гармонии.

И я отправился в парк. Находился он не так уж и далеко от крепости, и дорога к нему вела достаточно живописная. Проследовав по навесному мосту через реку, обойдя небольшой сквер, пройдя мимо рынка, который располагался у входа, я уже видел его очертания и красивые ворота. Туристов в этот день было не очень много, и мне не пришлось даже стоять в очереди, как это принято в подобных парках. Приобретя в кассе билет, я отправился его осматривать, предвкушая интересную и увлекательную прогулку. Уже на входе я встретил веселого торговца, который торговал изысканным глинтвейном и вином. Сперва он хотел мне продать побольше напитков, расхваливая свой товар, но, поняв, что я из Петербурга, налил мне полный стакан крепкого глинтвейна и даже не стал брать с меня плату. Обменявшись с ним шутками, мы распрощались. Его напиток, к слову, меня очень приободрил и добавил уверенности, которая прилетела вместе с пчелами, которые, учуяв терпкий запах, тут же меня окружили.

Рассматривая скульптуры и арт-объекты у входа, я постепенно уходил всё дальше. Парк был достаточно благоустроен, и было заметно, что за ним хорошо ухаживают, следят за его чистотой и комфортом туристов. Проходя вдоль реки, любуясь горами и разнообразной растительностью, уже через какое-то время я заметил лазурный купол, возле которого по кругу сидели люди, а все остальные шли к нему с пустыми бутылками. Я сразу понял, что это и есть самый знаменитый горячий источник минеральной воды, которым славился этот прекрасный город.

Проходя на глубине тысяча пятисот метров, поднимаясь по скважинам, вода насыщалась поистине целебной силой. Возле источника находилась женщина, работница парка, которая любезно наливала воду в емкости, которые туристы приносили с собой. У кого их не было, брали стакан и пили сколько душе угодно. Любой путник, откуда бы он ни приехал, мог тут напиться и отдохнуть, тем более что атмосфера была очень дружелюбная.

Вода из источника отличалась от той, что продавали в магазинах. Тут она была с ощутимым привкусом серы и минералов, что нисколько не портило ее вкус, а даже наоборот, придавало ей пикантность и целебные свойства.

ГРУЗИНСКАЯ МЕЧТА

Я испробовал воду как из теплого, так и из холодного источника. Утолив жажду и немного отдохнув, я отправился в дальнейший путь. Не отклоняясь от выбранного маршрута, я продолжил идти вдоль реки Борджомула, вода в которой, на удивление, была прозрачной и чистой. Проходя мимо навесных мостиков, вдыхая чистейший горный воздух, я наслаждался этим местом в полной мере. Проследовав еще чуть глубже, я увидел водопад. И я не мог пройти мимо, ибо место было действительно уникальное. Не только массой воды, которая падала бурным потоком с отвесных скал, но и величественной фигурой Прометея, который держал в руках священный огонь.

Монумент был и правда уникальный, ничего подобного я еще нигде не встречал. И тут он появился не просто так. Стоит сказать также несколько слов о родстве Грузии и Древней Греции, ибо появление Прометея в этих краях было не случайно. О пребывании древних греков свидетельствовали и другие скульптуры, которые я встречал во многих местах. Прежде всего в Батуми. Статуя Медеи, держащей в руках золотое руно, позолоченная статуя Посейдона, украшающая фонтан, ансамбль «История Грузии», виденный мной ранее в Тбилиси, и другие.

И в этом нет ничего удивительного, ибо задолго до образования современной Грузии, какой мы ее сейчас знаем, в этих краях жил великий и просвещенный народ колхи, а Колхида, или Колхидское царство, много веков было одним из самых богатых и могущественных на этой планете. Их могущество обеспечивалось не только выгодным географическим местоположением, не только развитой металлургической промышленностью, но и теснейшим сотрудничеством с Древней Грецией, чему по сей день мы находим немало примеров.

По легенде, где-то в Кавказских горах и был прикован Зевсом Прометей, о чем нам и попытался напомнить архитектор этого прекрасного монумента.

Неся в руках огонь, он не только привлек на территорию Грузии знания, но и тысячи туристов, которые каждый год приезжают полюбоваться этим прекрасным памятником.

Я завороженно смотрел на него, не отрывая глаз, в глубине души понимая, что, куда бы я ни направлял свой взор, мои глаза упираются в огонь в руках Прометея, в котором, казалось, сгорает моя жизнь.

В полной мере насытившись этим местом, я пошел дальше исследовать парк, уходя все глубже и глубже.

Так же неспешно проходя вдоль реки, уже скоро я заметил табличку, которая указывала на то, что дальнейший путь ведет меня к серным ваннам. Пройти к ним можно было как пешком, так и на авто за определенную плату. Времени у меня было достаточно, поэтому я с легкостью выбрал первый вариант, о чем нисколько потом не сожалел, хотя дорога была не самая простая, с обилием сложных участков и поворотов.

Пропуская мимо себя проезжающие автомобили, я шел не спеша, наслаждаясь красивейшей природой и горным воздухом. Делая перерывы, я останавливался на берегу реки и переводил дух, после чего я продолжал свой путь. Уже через полчаса я добрался до серных ванн. Заплатив небольшую плату за вход, я решил тут ненадолго остановиться, тем более что раньше мне много рассказывали про их полезные свойства. Серные ванны полезны и для кожи, и для костей, сердечно-сосудистой системы, они успокаивают нервы и расслабляют. Вода была с характерным серным запахом. Температура была около тридцати шести градусов, людей в этот день было немного, поэтому я позволил себе немного расслабиться и отдохнуть.

Пробыв в них чуть больше получаса, набравшись сил и энергии, я отправился дальше.

При этом сначала я подумал, что мне придется идти обратной дорогой, по тому же самому маршруту, но чуть позже я заметил рядом тропинку, которая вела куда-то в горы. Недолго думая, я решил проследовать по ней. Ибо, как гласит китайская пословица, «не поднимешься в гору — не узнаешь высоты неба».

И очень хорошо, что были ступеньки, ибо забираться предстояло высоко, и путь был непростой. Но я твердо решил не поворачивать обратно и дойти до конца, чего бы это ни стоило, даже несмотря на то, что, пока я забирался наверх, меня чуть не сбила бежавшая вниз женщина. Как я понял, она была американка и изъяснялась с характерным акцентом, который мне был до боли знаком. Она что-то бормотала себе под нос, в глазах ее был страх и ужас, на щеках слезы, а щеки отдавали алым румянцем. Я попытался ей подсказать ей дорогу и, надеюсь, что она меня поняла. Тем не менее она быстро исчезла из моего взора, а я продолжил подниматься.

По моим ощущениям, поднимался я минут сорок, изрядно вспотев, я старался не смотреть вниз, хотя чувствовал, что забрался уже достаточно высоко. Никаких перилл не было, лишь редкий кустарник отделял меня от обрыва, поэтому я старался ступать очень аккуратно. Уже приближаясь к самой вершине, я вдруг услышал русскую речь. Через мгновение я заметил женщину, что называется, «бальзаковского возраста», которая, не потеряла при этом былой красоты, и сопровождающего ее молодого человека. Они активно спрашивали у прохожих дорогу, которых, кстати, было совсем мало, но, так как никто не понимал русский язык, они ничего не могли узнать. Увидев меня, они сразу обрадовались, и, как они мне позже признались, по моей шляпе было заметно, что говорили мы на одном языке. Очень быстро мы разговорились и нашли общие темы для беседы, и уже вместе стали искать выход из парка. Спускаться обратно никто из нас не хотел, поэтому мы просто шли вперед по единственной тропинке, которая уводила нас все дальше. Мы ориентировались по меткам на деревьях, которые, видимо, оставили для нас работники парка или такие, как мы, потерявшиеся путешественники. В любом случае, мы им были очень благодарны. Аккуратно пробираясь через лес, вскоре мы увидели местного жителя, который, как мог, подсказал нам идти прямо и не сворачивать. Мои спутники, к слову, уже заметно нервничали и переживали, но лично меня не покидала уверенность, что мы вскоре выберемся. Все глубже уходя по тропе через лес, уже скоро мы оказались на берегу горной реки, которая была не очень глубокой, но при этом не было ни моста, ни переправы. Хоть это и вызывало некоторые сомнения и опасения, у нас не было другого выхода, как снять обувь и перейти реку вброд. Вода была кристально прозрачная и немного прохладная, но дно при этом было не очень каменистое. Держась за ветки кустарника и помогая друг другу, мы аккуратно ее перешли. Немного отдохнув на берегу, мы отправились дальше по тропе. Через какое-то время, поднявшись еще выше на гору, мы пришли в пустынь Серафима Саровского. Это было святое место, в которое стекались паломники и туристы со всей страны. Полностью воссозданная пустынь великого русского святого, канонизированного когда-то еще Николаем Вторым. На опушке находилась его избушка, где он жил, колодец со «святой» водой и камень, где, по преданию, он молился тысячу дней и ночей. Рядом также находилась церковь, в которую многие заходили помолиться. Я же просто наслаждался тишиной и уединением этого тихого и живописного места. Пока мои спутники совершали необходимые ритуалы и молились, я осматривал и не переставал удивляться этому месту. Закончив все необходимые ритуалы, мы отправились дальше. Пока мы шли, от своих спутников я узнал, что прилетели в Боржоми они только вчера из Казахстана. Цель визита у них, как и у многих туристов, заключалась в принятии серных ванн и восстановлении утраченного здоровья. Люди они были очень вежливые и разговорчивые, поэтому идти с ними было интересно и увлекательно. Скоро мы уже нашли правильную дорогу и уже с нее не сворачивали. Проходя мимо канатной дороги, с которой был прекрасный вид и на парк, и на город, мы решили не спускаться по ней, а прогуляться пешком к выходу, тем более что идти оставалось не так уж и долго. Беседа нас увлекала, и уже вскоре мы увидели тропинку, которая вела нас обратно в парк, куда мы, собственно, и стремились. По пути нам все время встречались таблички, предупреждавшие нас, что в этих лесах не только разнообразная флора и фауна, но также водятся дикие звери: медведи, косули, лоси, белки и другие животные. Меня это не смутило, зато это встревожило моих спутников, которые стали заметно нервничать и опасаться. Однако, когда мы встретили группу туристов по пути, они нас успокоили, сказав, что дикие звери, особенно медведи, встречаются тут очень редко и их в этом лесу давно уже никто не видел.

Спускаясь все ниже и ниже по узкой тропинке, вскоре мы уже вернулись обратно в парк. В самый его центр, к минеральному источнику с целебной водой. К этому времени мы уже очень устали. Время близилось к закату, и все хотели отдыхать. Прошли мы в общей сложности не меньше двадцати километров, хотя для меня это было небольшое расстояние, но для моих спутников это было очень много. Утолив жажду и немного отдохнув, мы попрощались. Пожелав друг другу счастливого пути и дальнейших приключений, обняв всех на прощание, я отправился в ближайшую закусочную, ибо очень проголодался. Отведав немного шашлыка, хлеба и овощей, испив немного вина, я отправился домой, к тому месту, где я остановился. Прогулявшись напоследок по набережной, скверу и мосту, я пошел отдыхать. Мои ноги к тому моменту уже очень устали, поэтому, приняв душ, я весь вечер пил вино и работал над своей рукописью. Время бежало очень быстро, и я даже не заметил, как наступила полночь. На небе было очень много звезд, и покидать террасу не хотелось, но пора было уже спать. Рано утром надо было опять вставать, и меня ждало еще множество приключений и удивительных мест, к которым я так стремился. Добравшись до кровати, я сразу же провалился в сон. Проснувшись рано утром, собрав вещи, я отправился в Хашури. Когда я уходил, я заметил еду на кухне, которую хозяйка заботливо приготовила для меня на завтрак. Попрощавшись и поблагодарив ее за вкусную еду, я пошел на автовокзал.

10. ХАШУРИ - СУРАМСКАЯ КРЕПОСТЬ

Дождавшись проезжающего мимо автобуса, я поехал в Хашури. Городок этот был совсем маленький, однако автобус был полон людей, которые туда ехали. Я разговорился с женщиной, сидевшей рядом со мной, и, пока мы ехали, она мне рассказала интересную историю про это место, которую я сейчас попробую пересказать по памяти.

Населённый пункт Хашури существовал издревле, однако как город он впервые упоминается в семнадцатом веке. Сам по себе город и его развитие местные жители связывают со строительством железной дороги Тбилиси — Поти. С 1872 по 1917 годы этот населённый пункт носил еще название Михайлово, затем получил название Хашури, в 1931–34 годах был переименован в Сталиниси, затем снова получил нынешнее наименование.

С марта 1921 года во время советизации Грузии около Хашури шли ожесточенные бои. Красной армии не без проблем и предательства грузинских генералов все же удалось захватить город, а затем и Сурамский тоннель. После чего продолжилась его активная советизация. И только после распада Советского Союза он вернулся в состав Грузии. Также женщина мне рассказала, что во времена Советского Союза в Хашури было несколько памятников Сталину, которые потом снесли. Один из них, правда, восстановили в 2000 году, но потом снова снесли в 2008. Так как я ехал туда впервые, то ее рассказ был для меня очень интересен и помог скоротать несколько часов пути. Правда, истинная моя цель

заключалась не в посещении Хашури, а в посещении и походе в близлежащий поселок, который назывался Сурами, и посещении и осмотре знаменитой Сурамской крепости. Сурамская крепость была для меня краеугольным камнем и чуть ли не целью всего моего путешествия. Я думаю, что будет уместно в этом очерке рассказать предысторию моего к ней интереса. Ведь мечтать о ней и о том, что я когда-нибудь смогу прикоснуться к ее стенам, я начал задолго до своего путешествия. Все началось несколько лет назад, когда друзья мне рассказали про знаменитого советского режиссера Сергея Параджанова, который прославился не только как режиссер, но и как художник, скульптор и диссидент, противостоящий советской цензуре до конца своей жизни. Его знаменитые фильмы «Тени забытых предков», «Цвет граната», «Ашик-Кериб» и особенно, я бы отметил, «Легенда о Сурамской крепости» прославили его на весь мир. Все они меня очень впечатлили, причем каждый по-своему запомнился своей атмосферой, подбором актеров и вниманием к деталям. И именно после просмотра «Легенды о Сурамской крепости» я и загорелся мечтой посетить это историческое и древнее место. Сама история этой крепости, основанная на древней легенде, меня очень вдохновляла и будоражила мою фантазию. Когда-то ее пересказал грузинский писатель Даниэль Чонкадзе, а уже позже Параджанов снял по ней замечательный фильм. Сама же легенда гласит: народ Грузии, готовясь к защите своей страны от нападения мусульманских захватчиков, решил возвести крепость, но каждый раз, когда стена достигала уровня крыши, она обрушивалась. «Стена выстоит, если в нее будет замурован самый прекрасный юноша», — сказала гадалка Вардо. И нашелся юноша с голубыми глазами, который совершил самопожертвование ради спасения Отечества и христианской веры. Благодаря этой жертве крепость была воздвигнута, и никто и ничто уже больше не могло ее разрушить. Мне очень понравилась эта легенда, как и сам фильм, и с этого момента я загорелся мечтой ее посетить. Приехав на вокзал, я проложил по карте маршрут и обнаружил, что от центра

Хашури до крепости было около пяти километров пешком. Чувствовал я себя прекрасно, был полон сил и энергии, поэтому я решил прогуляться до нее, по пути наслаждаясь чудесными видами гор и местной архитектуры. Путь проходил вдоль автомобильной трассы, мимо частных домов и разрушенных фабрик. Дорога была очень каменистая и узкая, это был явно не самый популярный маршрут для туристов, но меня это не смущало. Шел я не очень быстро, стараясь никуда не спешить, и через какое-то время я начал ощущать, что ко мне подбирается чувство голода. Словно с неуклонностью надвигающейся тьмы я начал ощущать его все сильнее. И самое интересное, что, как только эта мысль родилась в моей голове, мне на голову упала спелая слива. Я посмотрел наверх и увидел несколько веток сливовых деревьев. Плоды были перезрелыми и под своей тяжестью падали мне на голову. Пользуясь случаем, я наклонил ветку поближе и набрал полные карманы вкуснейших слив, которые мне очень хорошо помогли в пути, утолили мой голод и еще раз напомнили мне, что я приехал в удачное время.

Шел я вдоль дороги по очень узкой тропе, которая простиралась и уходила вдаль за горизонт. На время я не смотрел, было еще утро, и времени было предостаточно. Поедая сливы, я все время смотрел вдаль на крепость, которая располагалась высоко на горе. Шел я около двух часов и, несмотря на тяжелый рюкзак за спиной, совсем не устал. Уже скоро я увидел небольшой поселок Сурами и решил прогуляться по его узким улицам. При этом было немного не по себе из-за собак, которые сразу же меня окружили и начали лаять, но я не растерялся, свернул на другую улицу, и вскоре они от меня отстали. Я немного прогулялся по улицам Сурами, не найдя при этом ни людей, ни достопримечательностей, зато я заметил узкую тропинку, которая поднималась в гору, и проследовал по ней. Тропинка вела прямиком к крепости, о чем я сразу же догадался. Осторожно поднимаясь по каменистой тропе, уже через какое-то время я вышел на холм, на котором на высокой скале располагалась сама крепость. Зрелище, представшее моему взору,

открылось просто невероятное. Я не мог поверить, что наконец-то добрался и стою перед ней. Высочайшие стены и квадратная башня сразу же привлекли мой взор и ошеломили своим величавым и мощным видом. На самой башне развевался грузинский флаг, и выглядело это как на открытке, которая когда-то давно была у меня в детстве. Я ее сразу же вспомнил, но уже давно забыл, как она у меня оказалась, но этот вид и главная башня и флаг запомнились мне на всю жизнь. Тем удивительней было то, что сейчас я вижу крепость своими глазами, стоя рядом у самой стены. Любуясь ее толстыми стенами, я уже хотел было ее исследовать, как заметил старушку, которой на вид было не меньше сотни лет, которая сидела на разрушенной лавочке возле крепости и пристально смотрела на меня. Я сразу же с ней поздоровался, она кивнула и проводила меня любопытным взглядом. Про себя я подумал, что наверняка бабушка знает много интересных историй, как про саму крепость, так и про Сурами, поэтому я решил, что обязательно ее расспрошу обо всем, как только закончу осмотр. Поднимаясь все выше к стенам крепости, я заметил узкую лестницу, которая вела в саму крепость. Я решил проследовать по ней, несмотря на то, что перила лестницы шатались и ходили в разные стороны. Я аккуратно поднялся по лестнице и оказался уже внутри самой крепости или того, что от нее осталось.

Стоявшая на отвесных скалах когда-то, она состояла из двух частей — нижней и верхней. Начиная осмотр, я пришел к мысли, что сохранилась только верхняя часть. Крепостные стены здесь многослойные, толщиной до трех с половиной метров, что свидетельствовало о жизни, которая век от века продолжалась внутри нее. Если стены частично разрушались в результате набегов неприятелей, они снова возводились, это было заметно невооруженным глазом, так как оставлять стратегически важное место Грузии без защиты было недопустимо. По слоям крепостной стены я пытался определить, в какой очередности возводились отдельные элементы крепости. Вначале здесь была только башня и ограда, до наших дней сохранилась только башня. Сколько этажей было у башни, я точно не знал, но ее высота составляла больше десяти метров. Внутри крепостных стен я сразу увидел развалины различных зданий: цитадели, дворца и церкви. Двор цитадели находится на уровне нескольких метров, а ее стена венчалась зубцами и была похожа на стены, которые возводили в восемнадцатом веке. Здесь я заметил много одинарных и двойных бойниц. Церковь состояла из двух частей, покрытых одной крышей, — такой церковной архитектуры я больше нигде в Грузии не видел, и это меня сразу поразило. В церкви было два входа и пристройка площадью два на три метра, которая служила усыпальницей. Внутри на стенах церкви можно было увидеть множество фресок и икон, которые оставляли паломники и верующие, которые в разное время посещали эти края. Также на территории крепости сохранились остатки дворца, которые покрыты землей. Дворец был огорожен оградой высотой около двух метров и длиной около восьми. Как я позже узнал, капитальная реставрация крепости происходила в конце шестнадцатого — начале семнадцатого веков, так как остатки стен, возведенные в этот период, лучше всего сохранились. Единственный вход в крепость находится в северной стене. Крепость Сурами во все времена считалась очень прочной, выдержав осады многих неприятелей, хотя осады времени она, к сожалению, выдержать не смогла. Обо всем этом я думал, находясь внутри, рассматривая развалины стен, наслаждаясь прекрасным видом гор и близлежащих поселков, располагавшихся внизу. Пока я обдумывал дальнейшие планы, начался дождь. Робкими первыми каплями он предвещал дальнейший ливень, который, по прогнозу, должен был вот-вот начаться. Я подумал, что уже скоро тут будет очень грязно, а ступени лестниц будут очень скользкими. Поэтому я решил возвращаться обратно, пока не стало поздно. Аккуратно покинув крепость, я снова обратил внимание на

пожилую женщину, которая все так же сидела и пристально смотрела на меня, казалось, дождь ее совсем не пугал. Он так же не пугал и меня, поэтому я решил немного с ней пообщаться и расспросить ее о здешних краях.

Подойдя к ней, я представился и вкратце рассказал ей свою историю и как я здесь оказался. Её это немного удивило, но лишних вопросов она задавать не стала. Её звали Гулисварди, и ей было девяносто три года. Она жила рядом и присматривала за крепостью, подкармливая редких собак, которые бродили в округе. На удивление, у нее сохранилась хорошая память, и на мои вопросы о Сурами и крепости она отвечала достаточно ясно. Гулисварди поведала мне, что Сурами испокон веков находится на важном караванном пути и был населён очень давно. Возможно, именно его подразумевал Плиний Старший под именем Surium, когда он писал об этих краях. Но сам город появился в истории только в двенадцатом веке. И почти сразу же началась золотая эпоха его истории — он стал резиденцией эриставов Картли, которые получили титул Сурамели. Сурами оставался столицей региона весь тринадцатый век, но после пришествия монголов постепенно потерял свое значение, и сами сурамские эриставы куда-то пропали. Долгое время он оставался просто небольшим городком. Весной 1614 года шах Аббас во время своего первого похода на Грузию пришёл в эти места и, по преданию, построил в Сурами крепость. Возможно, существующий сейчас замок Сурами появился именно тогда, но достоверно об этом не известно. К средине восемнадцатого века город принадлежал князю Гиви Амилахвари, который сражался с иранцами и грузинскими царями. В 1744 году его разбили около Анчабети (под Цхинвали), после чего царская армия подошла к Сурами, и Амилахвари сдался. Сурамская крепость была разрушена. Но лет через 20 пришла российская армия и восстановила её, чтобы иметь базу для войны с турками. С начала девятнадцатого века здесь был климатический курорт. В советское время местным жителям активно раздавали дачи в местных краях, поэтому с тех самых пор Сурами стал напоминать дачный поселок. Лишь крепость напоминает о прекрасных и великих временах. Записав в блокнот ее последние слова, с неуловимой грустью я в последний раз посмотрел на квадратную башню, поблагодарил и распрощался с Гулисварди и отправился обратно. Изначально я хотел переночевать в Сурами и даже решил пообщаться с прохожими на остановке насчет того, стоит ли мне это делать. Но мне сразу сказали, что, кроме крепости, смотреть тут уже не на что, и, пока погода окончательно не испортилась, мне лучше отправиться дальше. Поэтому, пообедав в местной закусочной, я отправился на автовокзал, чтобы оттуда уже отправиться в Гори, к следующей точке в моем путешествии.

11. ГОРИ

Транспорт долго ждать не пришлось. Не прошло и часа, как подъехал автобус. По привычке я сел на заднее сиденье возле окна и открыл книгу. Наконец-то появилось время немного почитать, отдохнуть и насладиться прекрасным видом из окна. Если честно, то я всегда жду таких моментов и часто их предвосхищаю. Никогда еще я так часто не путешествовал на автотранспорте, как этим летом и осенью, поэтому я всегда с ноткой грусти и удовольствия вспоминаю эти чудесные минуты моей жизни, когда можно просто смотреть в окно, слушая приятную музыку, и размышлять о том месте, куда ты отправился. Пока мы ждали всех пассажиров, я успел немного почитать о городе Гори и его окрестностях, ведь до

сих пор единственное, что я о нем слышал, это то, что он являлся родиной Иосифа Сталина. Личность которого настолько противоречива, что я не буду тут много о нем рассказывать. Тот, кто будет читать эту книгу, наверняка всё о нем прекрасно знает. Однако я хотел знать гораздо больше о том месте, в которое я отправился, и уже скоро мне стало недостаточно читать сухой текст из Википедии, и я решил расспросить своих соседей. Через какое-то время я заметил, что автобус заполнился пассажирами, и мы отправились. Рядом со мной сел пожилой мужчина, с которым я и решил немного поболтать. На мое удивление, он оказался вполне дружелюбным и разговорчивым, что мне сразу понравилось. Его звали Зураб. Как он мне вскоре сказал, он ехал в гости к своему сыну, который жил в Гори. Также он поинтересовался о цели моего путешествия. Я решил ему вкратце рассказать о тех удивительных местах, в которых мне посчастливилось побывать в последние дни. По мере развития моего рассказа я заметил на его лице искренний интерес и удивление, что мне, безусловно, льстило. После того как он меня выслушал, я предложил ему дополнить мою историю и рассказать мне о том месте, где он родился. Ведь он родился и вырос в Гори, и, как я вскоре понял, знал этот город достаточно хорошо.

Из его рассказа я понял, что Гори является одним из старейших городов Грузии. Его история началась в далеком седьмом веке нашей эры. Свое название город взял от скального образования (гораки) в центре города, на котором сейчас расположены остатки древней крепости, которая сейчас называется Горисцихе. Однако, когда Зураб учился в школе, им рассказывали, что основание города вполне может быть связано с именем Давида IV Строителя, который жил на этой земле гораздо раньше. Царь Давид был человеком воинственным. Он построил армянский город в Грузии, утвердил много церквей и монастырей и назвал этот город Гура (Гори). В последние несколько лет в городе проводилось много археологических раскопок, с помощью которых обнаружилось, что на месте Гори существовали поселения городского типа задолго до начала нашей эры. Более того, сохранились рассказы о том, что в 1946 году оползень у северной стены Горисцихе обнажил пласт времён античной древности. Также было обнаружено много глиняной посуды и удивительных артефактов, говорящих о том, что испокон веков тут жили люди, обладающие богатыми знаниями и ремеслами. И с тех самых пор Гори переходил из рук в руки грузинских, армянских, иранских, османских, персидских и российских царей. Каждый из которых оставил после себя частичку той культуры, к которой он принадлежал. Также важной датой в истории города был 1920 год, в котором случилось крупнейшее в тех краях землетрясение, которое разрушило большую часть города. Бабушка Зураба рассказывала, что землетрясение началось под утро. Первый же толчок разрушил водонапорную башню. В течение десяти минут рухнули сотни зданий. Над городом стояли клубы розовой от солнца пыли. Улица была загромождена дымящимися обломками.

Кругом рыдали женщины, лаяли собаки... На этом его рассказ прервался, автобус остановился, и я понял, что мы приехали. Попрощавшись с Зурабом, я взял свою сумку и вышел. На часах было около четырех часов дня, стояла прекрасная солнечная погода, солнце припекало своим жаром, и дул легкий ветерок, который делал пребывание в этом месте очень комфортным.

У меня было достаточно сил, поэтому я сразу же пошел гулять по старому городу. Прогуливаясь по его улицам, мне сразу бросилось в глаза, что практически все здания качественно отреставрированы и выглядели немного искусственно. Не было той естественной обшарпанности, присущей другим грузинским городам. Не то чтобы этот факт меня расстроил, но было немного удивительно. Архитектура при этом и планировка домов мне очень понравилась. Особенно бросались в глаза красивые кованые балконы, которые

выглядели просто шикарно. Туристов при этом было совсем немного, что тоже я сразу отметил. Проходя по узким улочкам между домами, я уже хорошо видел крепость Горисцихе, которая расположилась на высоком холме и была хорошо заметна. Однако я решил немного отложить свой визит и сперва добраться до своего отеля, чтобы оставить вещи и принять душ. Тем более что, судя по карте, мой отель находился в получасе ходьбы, что для меня было прекрасной возможностью всё хорошенько рассмотреть по пути и прогуляться. Так я и сделал. Мой отель назывался Guest House Svetlana. Я позвонил в звонок, мне сразу же открыла хозяйка, немолодая, но очень дружелюбная и приветливая женщина, которая показала мне комнату, место для отдыха и ванную комнату. Немного отдохнув, я принял душ и пообедал. Хозяйку звали Светлана, и прежде чем отправиться гулять по городу, я решил немного с ней пообщаться. Она прекрасно говорила по-русски, и, как она сказала, у нее часто останавливались русскоговорящие посетители, и проблем с ними никогда не было. Светлана также рассказала мне обо всех достопримечательностях, которые мне стоит посетить, показала, где находится базар, если я захочу купить сувениры, рассказала о музеях и ресторанах, где всегда можно прекрасно поужинать. Поблагодарив ее за совет, я расплатился и отправился прямиком к крепости, которую уже так вожделел увидеть и рассмотреть в мельчайших деталях. Уже на подходе к крепости я заметил редких туристов, которые почему-то не стали сразу подниматься к крепостным стенам, а решили ее немного обойти. Я решил последовать за ними и не пожалел. Прямо около крепости стоял памятник Павшим героям или Мемориал защитникам Горисцихе. Восемь огромных воинов с серьезными и немного жуткими лицами как будто сидели за невидимым круглым столом, при этом у каждого не хватало какой-то части тела: руки, ноги, головы. Как позже я догадался, это должно напоминать людям о том, что ни одно сражение не проходит без потерь, и даже самые смелые воины платят за свое бесстрашие и желание защитить родные земли частичкой себя. Рядом была табличка с описанием, из которой я узнал, что памятник был установлен в 2008 году и с того времени привлек немало внимания как к самому городу, так и к крепости. Хорошенько рассмотрев каждого воина, я решил подниматься к крепостным стенам. Туристы, которых я видел ранее, также решили подниматься, при этом среди них был гид, который рассказывал историю крепости и ее особенности. От него я узнал, что Горисцихе расположилась на высоком утёсе на слиянии рек Лиахвы и Куры. По Куре проходил путь из Европы в Азию, а по Лиахве — путь с севера в Закавказье, и крепость позволяла контролировать эти маршруты. Она была возведена в тринадцатом веке. Цитадель была построена в форме эллипса и имела высокие и прочные каменные стены. Особенно известна западная часть, называемая Цхра-Кара или «Девять ворот». Крепость была

укреплена несколькими рядами стен и имела тайный тоннель, ведущий к ближайшему источнику воды. Уже в V–IV веках до нашей эры на этом месте существовали укрепления, выполняющие функцию тюрьмы, о которых свидетельствуют исторические источники.

В Средневековье Горисцихе была предметом конфликтов между персами, османами и грузинами, часто меняя своих владельцев. Со времени ее постройки она неоднократно подвергалась реставрациям. В конце XVIII — начале XIX веков крепость перешла в руки русской армии, однако со временем потеряла свою оборонительную функцию и начала разрушаться, что, впрочем, не помешало ей войти в список культурных памятников Грузии, имеющих национальное значение.

Попасть в крепость несложно. Это удобнее делать со стороны собора. Огибая холм по часовой стрелке, я вместе с группой туристов поднимался по тропе, которая вела к Южным Воротам. Ворота представляли собой кирпичную башню с аркой в персидском стиле. Пойдя за ворота, мы попали на ровную поляну, с которой весь город прекрасно просматривался. Все здания и сооружения было очень хорошо видно. Особенно мне запомнилось современное здание Дома юстиции и футбольный стадион.

Наш гид тем временем продолжал свой рассказ и рассказал нам, что когда-то в крепости стоял храм, но позже он исчез в неизвестное нам время. Ходят слухи, что он рухнул в 1920 году. Сейчас от него осталась только западная стена, которая практически сливается с крепостной стеной. Там же, где стояло всё остальное, теперь видны остатки старинного сооружения, больше похожего на бункер. Надо полагать, что при постройке этого бункера еще в советское время были уничтожены все остатки храма.

На этом рассказ нашего гида закончился, все разошлись и продолжили осматривать стены крепости.

Я же решил сделать небольшой привал и немного отдохнуть. Я сел на самое живописное место возле стены и около получаса созерцал город и окружающие его горы.

Осматривая всё вокруг, я заметил на склоне большой густой куст и решил сосредоточиться на нем. Но не на самих листьях, а на их тенях.

Сначала я начал созерцать тени от листьев на одной ветке и постепенно переходил к созерцанию всего куста, не давая глазам возвратиться в привычный для них режим.

Наверное, причиной тому явилась моя усталость или нервное возбуждение, но я настолько погрузился в созерцание теней, что мог формировать тени в зрительно воспринимаемые массивы настолько же свободно, насколько обычно в массивы формируется листва. Эффект был поразительный. Я решил немного свести глаза так, что тени как бы наслоились друг на друга, слившись в одну. Она обладала невероятной глубиной и даже своего рода прозрачностью. Я мог четко различать каждую точку, каждую трещину и песчинку на том месте, куда смотрел. И на всё это ложилась тень, словно сверхтонкая, неописуемо прозрачная пленка.

На какое-то время я даже выпал из реальности, полностью погрузившись в созерцание, я забыл обо всем на свете. Внутренний диалог в моей голове был остановлен, и на мгновение мне даже показалось, что вместе с ним и мир тоже остановился. Это было удивительно. Просидев так около часа, я полностью отдохнул и восстановил силы.

Я встал и начал спускаться. По пути я уже понял, что хочу отправиться к музею Сталина и всё хорошенько там осмотреть.

Музей Иосифа Сталина невозможно не заметить. Здание стоит на единственном зеленом участке в центре города недалеко от крепости, называемом площадью Сталина. К площади ведет главная широкая улица, конечно же, проспект Сталина. Перед музеем расположился его памятник.

Заплатив десять лари за вход, я решил его осмотреть. Проходя в главный зал, мне сразу сказали, что музей — это дань уважения великому земляку и ничего больше. Перед входом на стене виднелась большая табличка, из которой я узнал, что музей был основан в 1957 году и с тех пор находится на том же месте. Однако ранее, в 1937 году, в доме Сталина была устроена мемориальная комната в честь еще живого вождя.

Двухэтажное здание, в котором размещается экспозиция музея, спроектировал грузинский архитектор Арчил Кудиани. Перед зданием находится памятник Сталину — творение Силована Какабадзе и вагон-салон, в котором вождь ездил на конференции в Ялту и Тегеран. Перед входом в здание также разместилась копия бывшего дома диктатора. Бедное помещение, в котором Джугашвили провел первые годы своей жизни, было закрыто строением, придававшим ему характер мавзолея. Экспозиция в главном корпусе постоянная, а собранные более сорока тысяч экспонатов распределены по шести тематическим залам: «Деятельность Кобы до и во время Октябрьской революции»; «Период 1925–1939 гг., когда „партия Джугашвили боролась за экономическое и культурное развитие страны“»; «Фотографии периода Второй мировой войны и конференций в Тегеране, Ялте и

Потсдаме»; «Одна из посмертных масок Джугашвили»; «Подарки упырю»; «Кабинет „товарища К“ с личными вещами».

Я отправился на первый этаж. Лестница, ведущая туда, устлана красным ковром, а наверху стояла еще одна статуя вождя. Проходя все дальше, я поймал себя на мысли, что оказался в социалистической резервации, а интерьер с красным мрамором на стенах идеально соответствовал этому ощущению. Также я заметил на стенах множество картин, тканых ковров и всех других видов искусства. Мой взор привлекла экспозиция «Ранняя жизнь упыря», которая показывала диктатора как прилежного ученика и образец для подражания молодежи. На большинстве картин тех лет Коба единственный, кто позировал с книгой. Информация о конференциях в Тегеране, Ялте и Потсдаме представляла диктатора в качестве главного игрока, практически единолично решающего судьбу мира. И в этом, к сожалению, была доля истины. После чего я решил осмотреть подарки, которые главнокомандующий получил от братских народов. Среди них были: барельеф из ливанского сидра с изображением Кобы, портрет из цветного песка из Украины, румынская композиция из табачных листьев — с Иосифом Джугашвили в главной роли. Поляки изготовили памятную доску с лозунгом «Сталин — мир и свобода между народами». Еще имелись среди экспонатов грузинские вазы, иранский ковер, итальянский набор трубок и китайский фарфор. Эта часть выставки — одна из самых интересных — произведения часто были выполнены с необычайным мастерством и поэтому достаточно эффектны.

Интерьеры же его кабинета были очень аскетичны, в отличие от моих представлений, которые немного разнились.

В его кабинете также были размещены личные вещи вождя, такие как сигареты, парадная форма и телефон.

На этом я решил закончить осмотр и покинуть помещение, ибо в глубине души мне уже становилось жутко от этого места.

Выходя из музея, я сразу заметил вагон, в котором путешествовал Джугашвили для участия в конференциях в Тегеране, Ялте и Потсдаме.

Пользуясь случаем, я тоже решил в него заглянуть.

Вагон был произведен в Санкт-Петербурге и изначально служил служебным вагоном царской власти. Позже он был адаптирован к потребностям Кобы Ивановича и стал временным домом и офисом советского диктатора.

Из соображений безопасности он был прочно бронирован, а окна заменены на пуленепробиваемые. Вес вагона увеличился до 83 тонн — вдвое больше, чем у стандартного вагона этой конструкции. Интерьер был оформлен комфортно, но без лишней помпезности. Стены изнутри облицованы красным деревом. Помещение разделено на конференц-зону с большим столом, кухню, туалет с ванной, спальню и техническую зону.

Если говорить в целом, то посещение музея и вагона, в котором путешествовал этот кровавый упырь, для меня было достаточно полезным делом. Я узнал много нового, о чем даже не догадывался, и увидел много интересных картин и произведений искусства.

Тем временем время уже близилось к закату, и я решил еще немного погулять по городу перед сном по главным улицам.

Прогуливаясь по улице Церетели, я свернул сначала на улицу Руставели, потом на улицу 25 февраля, а после и на улицу Джугашвили. Все они не пешеходные, но уложенная брусчатка сильно тормозила движение и позволяла не опасаться автомобилей. В старом городе Гори я заметил два храма, один из которых только строился. Вторым была церковь Девы Марии, и она была в прекрасном состоянии. Внутри кипела жизнь, и я заметил множество монахинь, которые выходили и заходили обратно, это было интересно, но причину этого я выяснять не стал и пошел дальше. Выходя из старого города, я попал на проспект Чавчавадзе. В центре был крохотный парк Николоза Бараташвили с памятником ему в полный рост.

Возле него я и решил немного отдохнуть. Проходя мимо ряда скамеек, я заметил пожилого мужчину, который кормил голубей. Я решил сесть рядом, открыл книгу, хотел немного почитать, но в этот момент рядом сидевший мужчина отвлекся на меня и сам решил со мной заговорить. Он был очень удивлен самим фактом наличия книги в моих руках. Как он сразу сказал, молодёжь сейчас почти не читает книг, и этот факт его очень печалит. Пользуясь случаем, я решил расспросить его о личности и судьбе поэта, возле памятника которому мы сидели.

Мужчина ответил на это с заметным энтузиазмом и сразу же начал свой рассказ.

Из его слов я узнал, что Николоз Бараташвили родился в 1817 году в Тифлисе в семье князя Мелитона Бараташвили и княжны Ефимии Орбелиани. Его семья, несмотря на княжеское происхождение, не была богатой и знатной, однако бедственное материальное положение с лихвой компенсировалось богатством духовным. Среди предков поэта были блистательные военные деятели, поэты и даже католикос-патриарх Грузии.

Подлинный портрет Николоза Бараташвили не сохранился, современники описывали его как худощавого юношу с каштановыми волосами в черкеске или маленькой грузинской шапочке, веселого, активного, с живым нравом, острым на язык. Поэт с юности хромал на одну ногу. По легенде, он неудачно упал с лестницы и навсегда остался хромым. Именно это увечье не позволило ему пойти в армию, хотя он всегда мечтал о карьере военного. Мечтал юный Бараташвили и об учебе в российском университете, но бедность отца не позволила сбыться и этой мечте, она закрыла ему дорогу к общественному положению.

Еще во время учебы он проникся идеями гуманизма и национальной свободы, которые потом нашли отражение в его творчестве. В 1840-е годы он возглавил литературный кружок, уже тогда он имел славу поэта.

Одной из важнейших тем его творчества стала неразделенная любовь к княжне Екатерине Александровне Чавчавадзе, сестре Нины Александровны, вдовы Грибоедова, печально известной как «черная роза Тифлиса». Екатерина вышла замуж за князя Дадиани, наследника престола Мегрелии, у Николоза Бараташвили — бедного, хромого — не было шансов. И все же стихи, посвященные Екатерине Александровне, стали образцом блестящей любовной лирики. При жизни Бараташвили не было опубликовано ни одного произведения. В 1844 году он был вынужден поступить на государственную службу в Гянджу. Через год поэт подхватил малярию и скоропостижно скончался. Никто из близких не смог приехать на погребение. На момент смерти ему было двадцать семь лет.

И лишь спустя несколько лет возлюбленная Бараташвили, та самая княжна Екатерина Александровна, передала тетрадку со стихами, посвященными ей, другому грузинскому поэту — Илье Чавчавадзе. Тот опубликовал несколько произведений, а спустя 16 лет после смерти вышел его сборник стихов. Так Грузия обрела великого поэта. В завершение своего рассказа мужчина подарил мне маленькую книжку его стихов, чему я был несказанно удивлен и еще долго его благодарил. Для меня это был прекрасный подарок, который радует меня до сих пор.

Все последующие дни, находясь в Грузии, я читал его стихи и не переставал восхищаться, для меня это было по-настоящему прекрасное открытие.

Солнце тем временем уже почти село, становилось все темнее, поэтому я, сердечно поблагодарив своего собеседника, отправился в свой отель. По пути я купил в местном магазине бутылочку вина, чтобы поработать еще немного над своими заметками.

Добравшись до отеля, я заметил, что в комнате, где я расположился, у меня появился сосед. Пожилой американец, который, к сожалению, был не очень разговорчивым и приветливым человеком, поэтому пообщаться у нас не получилось, что меня сильно не расстроило. Еще несколько часов я поработал над своей рукописью, допил вино и крепко уснул.

Проснувшись рано утром, я получил сообщение от друзей, которые интересовались, как у меня дела, и сообщили мне, что уже завтра в Батуми будет еще один прекрасный концерт, который мне надо непременно посетить. Меня и самого очень взволновала и обрадовала эта перспектива, поэтому, недолго думая, я решил вернуться на денек в Батуми.

Я сообщил Светлане о своих планах, радушно попрощался и отправился на автовокзал. Я заранее купил билет на автобус пораньше, и у меня как раз было несколько часов, чтобы еще раз прогуляться по старому Гори и насладиться его архитектурой. Проходя мимо Горисцихе, у меня еще раз пронеслась в голове его история.

Сейчас, когда уже прошло достаточно времени, я частенько ее вспоминаю.

На автовокзал я пришел за час до отъезда, поэтому было время позавтракать и никуда не спешить. Так я и сделал. Ехать предстояло около шести часов, поэтому я пополнил свою провизию, и, когда автобус уже подъехал, сел на свое любимое место в задней части салона. Как только автобус заполнился пассажирами, мы отправились. Уже в первые минуты пути я понял, что совсем не выспался, поэтому меня очень клонило в сон. Я отложил книгу и уснул. Когда проснулся, по виду из окна я уже понимал, что мы где-то рядом, а поездка, которая могла быть утомительной, пролетела незаметно, я успел отдохнуть и восстановить свои силы.

12. БАТУМИ - ОКОНЧАНИЕ ПУТЕШЕСТВИЯ

В Батуми стояла прекрасная погода. Солнце озаряло все вокруг сияющим светом, море переливалось синевой, а танкеры и баржи с товарами все так же стояли на горизонте в ожидании разгрузки.

Закинув за спину свой рюкзак и расплатившись с водителем, я сразу же пошел гулять по своим любимым местам, попутно приближаясь к своему отелю, который находился рядом с площадью Европы. Туристов, казалось, стало еще больше, и на улицах в этот вечер было очень людно. Придя в отель, я увидел всю ту же компанию и тех же постояльцев, что меня немного удивило, ибо я думал, что туристы все же меняются тут гораздо чаще. Заплатив за пару ночей, подзарядив батарейки и оставив вещи, я отправился в «Гиглз». Там меня уже ждали друзья. В этот вечер с концертом выступали Антон Рипатти и Астемир Маршенкулов с очень интересной программой.

Придя в клуб, я в очередной раз удивился гостеприимству и доброте его владельцев. Всех пришедших угощали вкусным супом и напитками, собаки все так же радостно бегали вокруг в надежде, что их покормят, а зрители все так же курили и беззаботно друг с другом общались в ожидании концерта.

Мои друзья пришли к самому началу, что меня очень обрадовало и воодушевило. Концерт тем временем начался, и ближайшие полтора часа мы провели в психоделическо-медитативной атмосфере в сопровождении инструментальных краут-полотен.

Концерт плавно перетекал в перфоманс, и с каждой песней становилось только интереснее. Было много лампочек, разноцветных огоньков и психоделических музыкальных зарисовок. Так что я получил огромное удовольствие от подобного действа и, как со мной часто бывает, был очень удивлен.

Я часто занижаю свои ожидания перед концертами, чтобы потом получить более яркие и насыщенные впечатления. Подобная тактика еще никогда меня не подводила, вот и в этот раз концерт превзошел все мои ожидания.

Закончился он поздно ночью, мы еще немного успели с друзьями прогуляться по ночной набережной и поделиться новостями и впечатлениями.

Друзья меня много расспрашивали про мои приключения и много удивлялись моим знакомствам и историям в пути. Для них казалось немыслимо столько пройти пешком в надежде увидеть Сурамскую крепость или подниматься на гору в парке Боржоми, да и многие другие мои открытия вызывали живой интерес. За всем этим и прошел остаток дня, мы тепло попрощались и отправились спать.

Проснувшись на следующий день, я уже ясно осознавал, что это мой последний на данный период времени день в Грузии, и мне надо его провести максимально расслабленно и с удовольствием. Поэтому уже с самого утра, после плотного и вкусного завтрака, я отправился в долгую прогулку в тот район города, где меня еще не было, дойдя практически до аэропорта. По пути я нашел еще немало достопримечательностей и интересных мест, которые старался сохранить в памяти и оставить в воспоминаниях. Читая стихи в минуты отдыха в парках, я вспоминал прошедшие дни и всех тех людей, которых я встретил за эту неделю. Уже ближе к

обеду стало настолько жарко, что я решил уже не тратить время и пойти к морю, дабы насладиться купанием в прекрасной изумрудной воде Черного моря, которая меня уже манила и звала в свое соленое лоно.

Выбрав самое безлюдное и живописное место, я устроился у самой воды и провел остаток дня, купаясь и загорая на палящем солнце. Постепенно людей на пляже становилось все больше, из прибрежных кафе все громче раздавалась музыка, а время летело все с большей скоростью. На какое-то время я даже уснул, но быстро проснулся и продолжил купаться. Тем более что вода была очень теплая, поэтому находиться в ней было большим удовольствием. Уже в воде я начал замечать первые отблески прекрасного розово-персикового заката, который был настолько красив и живописен, что все взоры туристов были направлены на него. Люди просто стояли в изумлении от этой чудесной картины и, казалось, не могли поверить своим глазам. Я сам был просто поражен этим зрелищем и не мог покинуть пляж до тех пор, пока солнце окончательно не скрылось за горизонтом. Как только зажглись первые фонари, я понял, что уже очень проголодался, и решил перекусить.

После небольшого ужина я еще несколько часов гулял по ночному городу, наслаждаясь прекрасной ночной иллюминацией, музыкой и перфомансами артистов на набережной, которых каждую ночь бывает очень много в эти жаркие ночи. Все они были из разных стран и создавали очень пестрый и богатый колорит народного и самобытного творчества, который, безусловно, украшал эту чудесную набережную, что уже давно стала местом встречи путешественников и туристов со всего мира.

Я гулял до поздней ночи и только к полуночи вспомнил, что рано утром у меня автобус, а ноги уже настолько устали, что им требуется срочный отдых. Добравшись до своего отеля, я решил попить чай перед сном и напоследок созерцать звезды. Пройдя во внутренний дворик, я сел в живописное место и начал высматривать созвездия. Звезд на небе было немного, но те, что были, светили в эту ночь очень ярко. Акт созерцания меня настолько увлек, что я даже не заметил, как рядом со мной сел молодой человек, которому была любопытна моя персона. Возможно, он просто не мог уснуть, либо его угнетало одиночество, либо ему просто стало интересно составить мне компанию. Он сразу предложил мне сигарету и представился. Его звали Михаил, и он жил в доме напротив. Буквально сразу же мы стали общаться как старые друзья. Ему явно хотелось выговориться и поведать свою историю, неприятные моменты из которой он все же тщательно замалчивал. Как оказалось, он был бывшим бизнесменом, который уже давно отошел от дел, вышел на заслуженный отдых, купил дом и поселился в прекрасном месте. Жизнь его явно удалась. Он получал от нее удовольствие, но при этом были и неприятные моменты в политике и культуре, которые его очень волновали, поэтому он с жаром их обсуждал, проклиная правительство и мировые элиты, которые не позволили ему в молодости стать по-настоящему «большим человеком». Правда, что он под этим подразумевал, я так и не понял, по-моему, его жизнь и так удалась, а он живет в прекрасном месте, но, видимо, ему хотелось еще большего. Также он с интересом расспрашивал про мои приключения, впечатления и увлечения, которые вызывали в нем заметное любопытство, стараясь комментировать и давать советы по поводу тех мест, которые остались вне моего взора. Слушая его комментарии, я уже хорошо понимал, как много осталось неизведанного и удивительного в этой чудесной стране, в которую я еще обязательно вернусь. Но мы тем временем продолжали общаться на самые разные темы. О политике, искусстве, музыке, стихах Барташвили, о прошлом и ближайшем будущем. В очередной раз мне встретился прекрасный и умный собеседник, которых я ужасно редко встречаю, находясь в Р., что меня, безусловно, печалит, но и мотивирует вернуться в этот замечательный край, где жизнь цветет во всем своем великолепии.

В итоге с Михаилом мы еще общались около двух часов, которые пролетели незаметно. Он хотел меня пригласить на свадьбу своего внука, которая должна была случиться завтра, но, узнав, что я утром уже уезжаю, был явно немного расстроен и выразил сожаление. Но он оставил мне свои контакты и посоветовал мне, когда я в следующий раз буду в Батуми, обязательно его найти. На этом мы тепло попрощались, и я отправился спать, провалившись в глубокий сон в тот самый момент, как только моя голова коснулась подушки.

13. Прощание с Батуми - Обратная дорога

На следующий день, проснувшись рано утром, я отправился на автовокзал. В отеле еще все спали. Я аккуратно собрал вещи, чтобы никого не разбудить, и ушел. Погода стояла прекрасная, с моря доносился легкий бриз, на улицах было еще пустынно, а мелкие лавки и магазины только начинали открываться.

По пути я зашел на рынок, чтобы купить воду и припасы, которые мне пригодятся во время поездки. Приобретя все необходимое, я решил еще немного погулять по тихим улицам и в последний раз в этом году насладиться прекрасным видом Черного моря, на пляжах которого я еще вчера загорал.

Присев на берегу, я принялся созерцать воду. И первое, что я отметил, это то, что море на рассвете особенное, как правило, гораздо спокойнее, чем днем. Утром оно может быть зеркальным. Днем я такого никогда не видел. К тому же в это время на пляже никого не было, что мне, безусловно, нравилось. В такие минуты у тебя появляется ощущение, что море только твое, оно принадлежит только тебе и никому больше. И пусть хоть и несколько минут, но я это ясно ощущал. Не было ни людей, ни продавцов мороженого, ни детского смеха, ни катеров, ни гидроциклов. И только очень тихо ты слышишь шум волн и слабо доносящийся крик чаек где-то вдали. В такие моменты и происходит так называемое «единение с природой», которое так часто случается в обычной жизни. Я наслаждался каждой минутой, но и следил за временем, ибо вскоре мне предстояло уезжать из этого прекрасного места.

Через какое-то время я отправился на автовокзал. Тем более что он был совсем рядом. По пути я зашел на местный рынок, чтобы купить припасы в дорогу. На удивление, уже с самого утра людей было достаточно много, так что мне пришлось немного потолкаться, и я не сразу нашел нужного мне продавца, но тем не менее я купил все необходимое на последние деньги, что у меня были, и отправился ждать своего автобуса. Я сел на ступеньки местной церкви, точнее, это был католический храм, построенный

в конце девяностых годов, выглядевший при этом вполне современно, и стал ждать. Пока я ждал, в голове у меня проносились все те люди, которых я встречал, и места, в которых мне посчастливилось побывать. Это был сеанс ностальгии и приятных воспоминаний, которые с небольшой грустью отражались в моей душе и давали в то же время надежду на мое скорое возвращение. Не знаю, будет ли это через год или два, но уезжать не хотелось. В то же самое время я хорошо понимал, что меня ждут на работе, а дела сами себя не сделают. Пока я предавался раздумьям и воспоминаниям, подошел мой автобус, и первые пассажиры готовились к посадке. Расположившись в конце салона, я принялся смотреть в окно, стараясь запомнить каждое дерево и здание, которое было в округе, стараясь запомнить каждую деталь. Созерцание всегда было одним из любимых моих занятий, и я предавался ему достаточно часто и при первой же возможности. Вот и сейчас, этим серым и немного грустным утром я вглядывался в фасады зданий, в лица людей и окружающий пейзаж, на который словно тенью ложился небольшой отпечаток грусти по ушедшим дням. И тем не менее это была приятная грусть, которая всегда меня посещает в такие минуты. Автобус заполнился, и мы отправились в путь. Пока мы ехали, я поймал себя на мысли, что, когда возвращаешься, время течет гораздо быстрее. Этот факт натолкнул меня на целую цепочку размышлений, и я решил разобраться в этом феномене более тщательно. Я понимал, что для таких сложных существ мы слишком плохи в оценке времени. Особенно в короткий срок —

секунды, минуты, часы. Моя оценка зависела от субъективных факторов, от настроения и того, чем я занимался. Эта субъективность привела меня к некоторым очень странным феноменам, включая тот, когда дорога назад кажется мне короче, а время течет быстрее. Я даже вспомнил, что в английском языке есть целое понятие, которое называется return trip effect, которое на русский можно перевести как эффект обратной дороги. Когда мы едем в незнакомое место, а потом возвращаемся оттуда, нам кажется, что дорога обратно занимает гораздо меньше времени, хотя мы проехали одинаковое расстояние.

Начиная вспоминать всевозможные исследования на этот счет, я подумал, что подобный эффект может быть связан со сторителлингом — путём донесения информации с помощью опыта и памяти. Суть его заключалась в том, что эффект обратной дороги может наступить лишь в том случае, если я знаю, что иду обратно.

По моему мнению, этот эффект наступает по двум причинам:

1. Двигаясь в пункт назначения, я думал, что опаздываю, и поэтому уделял времени гораздо больше внимания. Когда я ехал обратно, такого не происходило.

2. Двигаясь обратно, я видел уже знакомые места. Из-за этого я чувствовал себя комфортнее, и время двигалось быстрее.

Также я сделал вывод, что слишком оптимистично оценивал дорогу, из-за этого она занимала гораздо больше времени. Однако, когда я ехал обратно, я немного переоценивал свои ожидания, и поэтому мне казалось, что путь длился меньше.

Эффект обратной дороги мог возникать по каждой из этих причин в отдельности или из-за их совокупности. Но ощущения меня не обманывали, и я ощущал время по-разному, невзирая на логику и часы.

Время летело, пейзажи за окном стремительно менялись, и уже ближе к вечеру мы приехали в Тбилиси, чтобы сделать небольшую передышку, сменить водителя, перекусить и немного прогуляться.

Я не стал далеко уходить от автобуса и немного прогулялся в небольшом сквере возле дороги. По пути, обмениваясь впечатлениями с пассажирами, которые так же, как и я, всё ехали обратно в РФ.

Не прошло и получаса, как мы снова отправились в путь уже с новым водителем, который оказался чуть более дружелюбным, чем предыдущий, что сразу мне бросилось в глаза.

Время летело, и к полуночи мы уже были на границе, которую, к слову, мы прошли гораздо быстрее, и проблем с документами в этот раз ни у кого не случилось.

К утру мы уже снова были в Ставрополе, в котором, к сожалению, очень сильно испортилась погода. Стоял плотный туман, лил дождь и было заметно прохладно. На улице к тому времени уже была глубокая осень, и от той солнечной атмосферы, которая была в Грузии, не осталось и следа. Поэтому мне даже не захотелось гулять по улицам, чтобы не портить впечатление. Я позавтракал в местном кафе и отправился в аэропорт. Днем у меня уже был самолет в Петербург, и мое приключение стремительно завершалось.

Ожидание рейса, к счастью, не было долгим, и время достаточно быстро пролетело. Устроившись на свое место, я полетел обратно.

Когда самолет прилетел в Петербург, было уже темно, и шел такой знакомый и привычный дождь, что на мгновение мне стало еще грустнее.

Выходя из самолета, я встал на край рубчатой железной ступени трапа и поглядел в темноту. Она была бесконечной и тихой. Из нее прилетал прохладный мокрый ветер, полный множества незнакомых мне запахов и людских голосов.

Спустившись на землю, я отошел на несколько метров в сторону и посмотрел на самолет, который был подобен огромной железной птице, которая восхищала и завораживала меня одновременно.

Со стороны самолет действительно походил на сияющую электрическими огнями птицу, летевшую, в моем представлении, неизвестно куда. Я посмотрел в ту точку, где виднелся хвост, а потом на кабину пилота — с обеих сторон не было видно ничего, кроме темной пустоты.

Я повернулся и пошел прочь. Я не особо думал о том, куда я иду, но вскоре под моими ногами оказалась асфальтовая дорога и терминал аэропорта. Шум турбин за спиной постепенно стихал, и вскоре я стал ясно слышать то, к чему не прислушивался раньше: скрип моих кроссовок, шум ветра и тихий звук собственных шагов.

ОБ АВТОРЕ

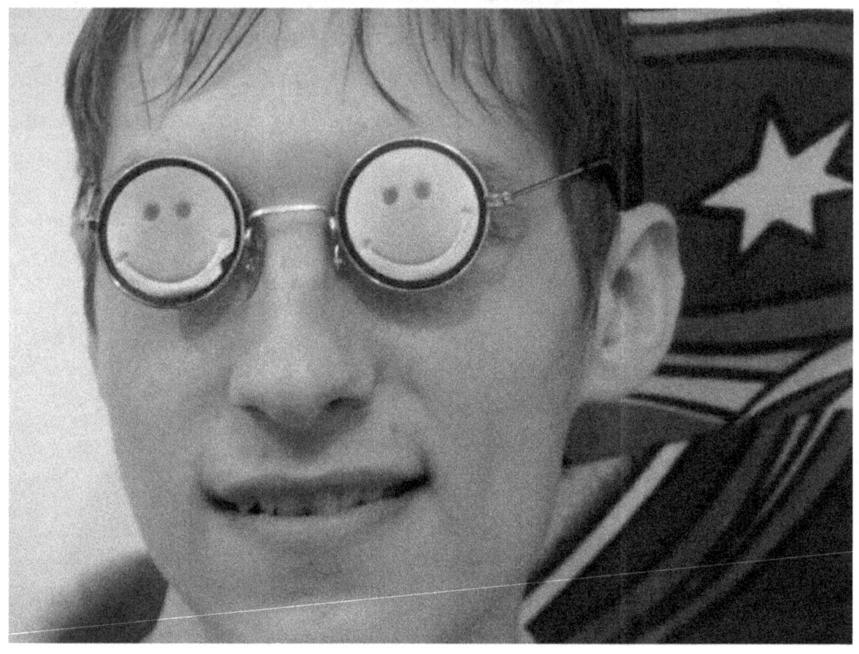

Илья Сергеевич Царев (англ. Ilya Tsarov, род. 14 марта 1987 года) — российский художник, писатель и музыкант. В своем творчестве использует псевдоним acidether.

Илья Царев родился 14 марта 1987 года в Омске, в семье Татьяны и Сергея Царевых. С детства был достаточно разносторонним ребёнком, занимался различными видами спорта: плаванием, футболом, большим теннисом, где добился определённых успехов, получал награды и спортивные разряды.

После обучения в школе поступил в Омский авиационный колледж имени Н. Е. Жуковского, по специальности «автоматические системы управления» (АСУ), после чего поступил на факультет философии и культурологии «ОмГПУ».

Не смотря на пристрастие к гуманитарным наукам, в первые годы самостоятельной жизни приходилось работать по техническим специальностям, сначала регулировщиком на заводе ОмПО «Иртыш», потом в сфере телекоммуникаций и телефонного маркетинга. Однако тяга к самообразованию насыщала пытливый ум новыми идеями и открытиями, и в конце 2010 года Илья перебрался в Санкт Петербург для более внушительного заработка и самореализации, где со временем и обосновалась его творческая лаборатория. Он начал пробовать себя в прозе, во время краткосрочной поездки в Смоленск написал свою первую книгу «Уроки Свободы» в соавторстве с Владимиром Колонцовым, которая вышла в том же году. В это же время Илья расширяет свои творческие поиски увлекаясь философией антинатализма, дадаизмом, авангардом, сюрреализмом, индастриалом, маргинальной поэзией и прозой, собирая по крупицам свою музыкальную коллекцию «странных записей». Однако, не смотря на любовь к искусству, приходилось пробовать себя в разных ролях, сменив множество работ и специальностей: менеджер по продажам, сборщик мебели, техник, регулировщик, телемаркетолог, помощник арбитражного управляющего и т. д. В данный момент работает в юридической компании.

Проза и литературные опыты

С ранних лет Илья любил читать, особенно это увлечение его захватило после переезда в Санкт-Петербург, где он активно начал общаться и знакомиться с деятелями искусства, артистами театра, музыкантами, учеными и писателями. Все это привело к разнообразию сюжетов и идей, которые хотелось воплотить и поделиться ими с окружающими. Прежде всего со своими друзьями. Он начинает писать свои первые очерки, стихи и рассказы.

Не удовлетворившись малой формой своих произведений он переезжает на время в Смоленск в гости к своему другу Владимиру Колонцову, где в соавторстве работает над своей первой книгой «Уроки свободы». Закончив этот труд он переезжает обратно в Петербург, где продолжает писать рассказы и повести, время от времени участвуя в литературных конкурсах. Долгое время, в свободное от работы время, он пишет автобиографический роман «Йозеф». Роман представлял собой достаточно «сырое», «незрелое и нестоящее», хотя и демонстрирующее обширную энциклопедическую эрудицию автора в вопросах литературы, философии и музыки. Доступен для прочтения в социальных сетях и тематических литературных сайтах.

Закончив этот труд, Илья не останавливается и продолжает писать. Один за другим выходят рассказы: Ущелье , Поход, in the shadow и др.

Со временем Илья все больше увлекается поэзией и пишет большую поэму под названием «Страна тупых», которая позже вошла в сборник произведений с одноимённым названием. В 2022 году он выходит в печати небольшим тиражом.

Арт брют и аутсайдерское искусство

С 2016 года Илья начинает рисовать. В том же году создаёт свои первые картины, которые отсылают к универсальности и многогранности его творческого начала. В своем творчестве Илья не боится экспериментов, цитатности и перекличек с иконическими художниками-аутсайдерами, в связи с чем нередко создает дискуссионное поле вокруг своих работ. Он увлечённо рисует, создавая все более сложные детализированные работы, при этом не скрывает, что имеет не поверхностное представление об ар брют и аутсайдер арт, но в своих художественных произведениях отображает исключительно внутренние переживания, навеянные фантазией, сюжетами эзотерической литературы и экзистенциальной прозы 20 века.

По его собственным словам, он «всегда старался сбросить с себя бремя культуры, которое только мешает настоящему, искреннему выражению в искусстве».

С 2019 года получает поддержку АНО «Аутсайдервиль». Работы находятся в коллекциях ИНЫЕ, «Аутсайдервиль», а также в частных коллекциях в музеях Германии, Англии, Франции.

Psychedelic band и acidether

С детства Илья активно увлекается звуком, открывая для себя огромный и удивительный мир экспериментальной музыки, собирая музыкальную коллекцию «странной музыки», которая с каждым днем становится все больше. Изучает игру на фортепиано, флейте, саксофоне, синтезаторе.

В 2019 году собирает из друзей музыкальную группу The Psychedelic Band, и уже через год записывает свой первый альбом, периодически выступая в небольших клубах, на выставках и тематических мероприятиях. На данный момент Psychedelic Band насчитывает 8 полноценных авангардно — экспериментальных альбомов.

Параллельно с деятельностью в Psychedelic Band, Илья развивает свой сольный проект acidether, создавая в своей музыке сюрреалистические миры, сочетая несочетаемые элементы звуковой вселенной, в надежде получить некую форму жизни, расширяя тем самым пространство современного авангарда, доставая дада из темного чулана экспериментальной музыки. Активно работая в этом направлении Илья создает целую серию альбомов, сотрудничая с разными музыкантами из России, Германии, Франции и Аргентины. На данный момент acidether насчитывает 24 полноценных альбома. Музыка acidether в последнее время часто появляется в эфирах FM Crisol. 92,3 mhz в передаче OTHER STIMULOS. Лос-Полворинес, Аргентина.

Ссылки:

http://outsider-art.ru/tsaryov

https://www.discogs.com/ru/artist/7960477-Acidether

https://vk.com/id60661092

https://proza.ru/avtor/acidether

Also by Ilya Tsarev

Sueño georgiano
Georgian Dream
Грузинская мечта

About the Publisher

BoyJah Publishing LLC: Amazing and essential content for your eyes and for your brain and for your soul!